浙江文化艺术发展基金资助项目

杭州优秀传统文化丛书

Hangzhou Youxiu Chuantong Wenhua Congshu

一梦归去
向天堂

王海侠———著

杭州出版社

图书在版编目（CIP）数据

一梦归去向天堂 / 王海侠著 . -- 杭州 : 杭州出版
社 , 2022.8
（杭州优秀传统文化丛书）
ISBN 978-7-5565-1686-5

Ⅰ . ①一… Ⅱ . ①王… Ⅲ . ①名人－陵墓－介绍－杭
州 Ⅳ . ① K928.76

中国版本图书馆 CIP 数据核字（2022）第 003181 号

Yi Meng Guiqu Xiang Tiantang

一梦归去向天堂

王海侠 / 著

责任编辑　杨清华
文字编辑　林小慧
装帧设计　李轶军　祁睿一
美术编辑　祁睿一
责任校对　陈铭杰
责任印务　华　萍
出版发行　杭州出版社（杭州西湖文化广场32号6楼）
　　　　　电话：0571-87997719　邮编：310014
　　　　　网址：www.hzcbs.com
排　　版　浙江时代出版服务有限公司
印　　刷　天津画中画印刷有限公司
经　　销　新华书店
开　　本　710 mm×1000 mm　1/16
印　　张　18
字　　数　224千
版 印 次　2022年8月第1版　2022年8月第1次印刷
书　　号　ISBN 978-7-5565-1686-5
定　　价　58.00元

序　言

文化是城市最高和最终的价值

　　我们所居住的城市，不仅是人类文明的成果，也是人们日常生活的家园。各个时期的文化遗产像一部部史书，记录着城市的沧桑岁月。唯有保留下这些具有特殊意义的文化遗产，才能使我们今后的文化创造具有不间断的基础支撑，也才能使我们今天和未来的生活更美好。

　　对于中华文明的认知，我们还处在一个不断提升认识的过程中。

　　过去，人们把中华文化理解成"黄河文化""黄土地文化"。随着考古新发现和学界对中华文明起源研究的深入，人们发现，除了黄河文化之外，长江文化也是中华文化的重要源头。杭州是中国七大古都之一，也是七大古都中最南方的历史文化名城。杭州历时四年，出版一套"杭州优秀传统文化丛书"，挖掘和传播位于长江流域、中国最南方的古都文化经典，这是弘扬中华优秀传统文化的善举。通过图书这一载体，人们能够静静地品味古代流传下来的丰富文化，完善自己对山水、遗迹、书画、辞章、工艺、风俗、名人等文化类型的认知。读过相关的书后，再走进博物馆或观赏文化景观，看到的历史遗存，将是另一番面貌。

　　过去一直有人在质疑，中国只有三千年文明，何谈五千年文明史？事实上，我们的考古学家和历史学者一直在努力，不断发掘的有如满天星斗般的考古成果，实证了五千年文明。从东北的辽河流域到黄河、长江流域，特别是杭州良渚古城遗址以距今5300—4300年的历史，以夯土高台、合围城墙以及规模宏大的水利工程等史前遗迹的发现，系统实证了古国的概念和文明的诞生，使世人确信：这里是古代国家的起源，是重要的文明发祥地。我以前从来不发微博，发的第一篇微博，就是关于良渚古城遗址的内容，喜获很高的关注度。

　　我一直关注各地对文化遗产的保护情况。第一次去良渚遗址时，当时正在开展考古遗址保护规划的制订，遇到的最大难题是遗址区域内有很多乡镇企业和临时建筑，环境保护问题十分突出。后来再去良渚遗址，让我感到一次次震撼：那些"压"在遗址上面的单位和建筑物相继被迁移和清理，良渚遗址成为一座国家级考古遗址公园，成为让参观者流连忘返的地方，把深埋在地下的考古遗址用生动形象的"语言"展示出来，成为让普通观众能够看懂、让青少年学生也能喜欢上的中华文明圣地。当年杭州提出西湖申报世界文化遗产时，我认为这是一项需要付出极大努力才能完成的任务。西湖位于蓬勃发展的大城市核心区域，西湖的特色是"三面云山一面城"，三面云山内不能出现任何侵害西湖文化景观的新建筑，做得到吗？十年申遗路，杭州市付出了极大的努力，今天无论是漫步苏堤、白堤，还是荡舟西湖里，都看不到任何一座不和谐的建筑，杭州做到了，西湖成功了。伴随着西湖申报世界文化遗产，杭州城市发展也坚定不移地从"西湖时代"迈向了"钱塘江时代"，气势磅礴地建起了杭州新城。

从文化景观到历史街区，从文物古迹到地方民居，众多文化遗产都是形成一座城市记忆的历史物证，也是一座城市文化价值的体现。杭州为了把地方传统文化这个大概念，变成一个社会民众易于掌握的清晰认识，将这套丛书概括为城史文化、山水文化、遗迹文化、辞章文化、艺术文化、工艺文化、风俗文化、起居文化、名人文化和思想文化十个系列。尽管这种概括还有可以探讨的地方，但也可以看作是一种务实之举，使市民百姓对地域文化的理解，有一个清晰完整、好读好记的载体。

传统文化和文化传统不是一个概念。传统文化背后蕴含的那些精神价值，才是文化传统。文化传统需要经过学者的研究提炼，将具有传承意义的传统文化提炼成文化传统。杭州与丛书作者在创作方面作了种种古为今用、古今观照的探讨交流，还专门增加了"思想文化系列"，从杭州古代的商业理念、中医思想、教育观念、科技精神等方面，集中挖掘提炼产生于杭州古城历史中灵魂性的文化精粹。这样的安排，是对传统文化内容把握和传播方式的理性思考。

继承传统文化，有一个继承什么和怎样继承的问题。传统文化是百年乃至千年以前的历史遗存，这些遗存的价值，有的已经被现代社会抛弃，也有的需要在新的历史条件下适当转化，唯有把传统文化中这些永恒的基本价值继承下来，才能构成当代社会的文化基石和精神营养。这套丛书定位在"优秀传统文化"上，显然是注意到了这个问题的重要性。在尊重作者写作风格、梳理和讲好"杭州故事"的同时，通过系列专家组、文艺评论组、综合评审组和编辑部、编委会多层面研读，和作者虚心交流，努力去粗取精，古为今用，这种对文化建设工作的敬畏和温情，值得推崇。

人民群众才是传统文化的真正主人。百年以来，中华传统文化受到过几次大的冲击。弘扬优秀传统文化，需要文化人士投身其中，但唯有让大众乐于接受传统文化，文化人士的所有努力才有最终价值。有人说我爱讲"段子"，其实我是在讲故事，希望用生动的语言争取听众。今天我们更重要的使命，是把历史文化前世今生的故事讲给大家听，告诉人们古代文化与现实生活的关系。这套丛书为了达到"轻阅读、易传播"的效果，一改以文史专家为主作为写作团队的习惯做法，邀请省内外作家担任主创团队，组织文史专家、文艺评论家协助把关建言，用历史故事带出传统文化，以细腻的对话和情节蕴含文化传统，辅以音视频等其他传播方式，不失为让传统文化走进千家万户的有益尝试。

中华文化是建立于不同区域文化特质基础之上的。作为中国的文化古都，杭州文化传统中有很多中华文化的典型特征，例如，中国人的自然观主张"天人合一"，相信"人与天地万物为一体"。在古代杭州老百姓的认知里，由于生活在自然天成的山水美景中，由于风调雨顺带来了富庶江南，勤于劳作又使杭州人得以"有闲"，人们较早对自然生态有了独特的敬畏和珍爱的态度。他们爱惜自然之力，善于农作物轮作，注意让生产资料休养生息；珍惜生态之力，精于探索自然天成的生活方式，在烹饪、茶饮、中医、养生等方面做到了天人相通；怜惜劳作之力，长于边劳动，边休闲娱乐和进行民俗、艺术创作，做到生产和生活的和谐统一。如果说"天人合一"是古代思想家们的哲学信仰，那么"亲近山水，讲求品赏"，应该是古代杭州人的生动实践，并成为影响后世的生活理念。

再如，中华文化的另一个特点是不远征、不排外，这体现了它的包容性。儒学对佛学的包容态度也说明了这一点，对来自远方的思想能够宽容接纳。在我们国家的东西南北甚至是偏远地区，老百姓的好客和包容也司空见惯，对异风异俗有一种欣赏的态度。杭州自古以来气候温润、山水秀美的自然条件，以及交通便利、商贾云集的经济优势，使其成为一个人口流动频繁的城市。历史上经历的"永嘉之乱，衣冠南渡"，"安史之乱，流民南移"，特别是"靖康之变，宋廷南迁"，这三次北方人口大迁移，使杭州人对外来文化的包容度较高。自古以来，吴越文化、南宋文化和北方移民文化的浸润，特别是唐宋以后各地商人、各大商帮在杭州的聚集和活动，给杭州商业文化的发展提供了丰富营养，使杭州人既留恋杭州的好山好水，又能用一种相对超脱的眼光，关注和包容家乡之外的社会万象。这种古都文化，也代表了中华文化的包容性特征。

城市文化保护与城市对外开放并不矛盾，反而相辅相成。古今中外的城市，凡是能够吸引人们关注的，都得益于与其他文化的碰撞和交流。现代城市要在对外交往的发展中，进行长期和持久的文化再造，并在再造中创造新的文化。杭州这套丛书，在尽数杭州各色传统文化经典时，有心安排了"古代杭州与国内城市的交往""古代杭州和国外城市的交往"两个选题，一个自古开放的城市形象，就在其中。

　　"杭州优秀传统文化丛书"团队在传统和现代的结合上，想了很多办法，做了很多努力。传统文化丛书要得到广大读者接受，不是件简单的事。我们已经走在现代化的路上，传统和现代的融合，不容易做好，需要扎扎实实地做，也需要非凡的创造力。因为，文化是城市功能的最高价值，也是城市功能的最终价值。从"功能城市"走向"文化城市"，就是这种质的飞跃的核心理念与终极目标。

2020 年 9 月

（单霁翔，中国文物学会会长）

湖山佳趣图（局部）

目　录

第三章

英雄忠烈

引　言

人生一场大梦，最终都要归去。而历史上无数名人不约而同将向往的目光投向了杭州——这座人间天堂，山水绝佳，无处不跳荡着闪亮的人文之光，生命收笔于此，夫复何求？

本书选取了 1919 年之前逝世并长眠于杭州的最有代表性的四十五位杰出历史人物。他们当中，既有胸怀天下的一国之主，也有心存正义的平民英雄；既有横刀立马的热血男儿，也有婉约柔美的纤纤才女；既有文化、科技界大咖，也有医药、工商界精英……这些曾在时空中鲜活存在过的人物，在杭州永久安息，也让杭州更添魅力。他们与杭州，彼此成就，此间佳话述不尽。

历史风云变幻，有些名人的墓地已经在岁月中湮没，找不到确切的位置，比如罗隐、李渔、毛奇龄、厉鹗、丁丙、朱淑真、钱凤纶等名人墓。但重要的不是地理位置，而是前人留给我们的精神座标。他们的躯体与杭州的山川草木融为一体，他们的精神旗帜在当代的天空高高飞扬。而描绘、传承这种精神，是本书的使命所在。

除了光阴的剥蚀，杭州的众多名人古墓还要承受人世的风霜——20 世纪五六十年代的西湖"清墓运动"，使很多名人墓地遭到了不同程度的损毁。但所幸杭州还有很多像民间文史学者丁云川先生这样的人，他们一直致力于杭州人文史迹和名人古墓的发掘与保护，那些伟大的生命，才能被我们更好地怀念和崇敬。

读杭州名人古墓背后的故事，也是在读古今天地这本大书。从这里，我们可以找到杭州多元魅力的源头，看那些乐山的仁者、乐水的智者如何面对生死，如何处理与他人、与社会的关系，如何自我实现、自我和解……听，这些久远的故事，正在与当下、与你我悄然连接……

第一章

从王者、名臣到平民义士

钱镠陵墓：
封存着智慧密码的吴越王陵

吴越钱王的最后一件心事

如果历史上有"乱世排行榜"，五代十国绝对可以位列前三。但在这号称"乱世之中的乱世"里，却有一个小国，美丽、富足，没有重大战争，相比其他各国，显出少有的和平与安宁。这就是钱镠所缔造的吴越国。

吴越宝正六年（931）二月十六日，吴越国都城杭州，上至王室成员，下至黎民百姓，都在乐滋滋地庆贺钱镠的八十岁生日。

钱镠草根出身，生活素简，他不要盛大的生日宴会，只和全家人一起，热热闹闹吃了一顿饭。杭州市民纷纷为王祈祷，因为有了钱镠，他们才过上了让邻国老百姓羡慕嫉妒恨的生活。

钱镠对老城进行了三次扩建，杭州因此由 1.0 版升级到 4.0 版，成为东南新一线最宜居城市。杭州城的人民简直不要太幸福，他们不必苦哈哈地担心战乱饥荒，吃饱穿暖之后，没事就去西湖边吹着小风看美景，或者去集市上逛街遛弯淘一淘朝鲜、印度等国的进口货，再不然

杭州钱王祠旁
钱镠雕像

就去灵隐寺、永福寺或其他随处可见的寺院烧香拜佛……

拥有高幸福指数的吴越国百姓，对钱镠的感激之情如滔滔钱塘江之水，连绵不绝，他们恨不得建立一百个夸夸群来夸他们的钱王。

不过，得到全民点赞的钱镠却显得心事重重。

有人猜，王的闷闷不乐是因为又老了一岁，怕死。立马有人站出来反驳："笑话，咱们的王，从十六岁贩私盐到二十一岁参军，再到平定董昌叛乱、受封吴越国王，一路不都是提着脑袋走过来的？"

事实上，钱镠对死看得很淡。他很清楚，人终有一死，所以他绝不会像秦始皇和汉武帝那样脑洞大开，被人忽悠着去求什么长生不老药。人老了，直面死亡，是必须的。

关于死亡，儒家认为不必多想，而要多想想活着的事；道家认为生死不过是生命形式的转化；佛家认为死是让人脱离苦海、超越轮回。

钱镠读过不少书，朋友圈里也有不少佛门高僧，因此他总结了一下："死"这事儿想破脑袋也想不出个所以然来，与其整天研究死亡哲学，不如用剩下的时间做点儿有意义的事。

目前最要紧的，是想一想这个国家、这个家族未来的路怎么走。

现在，吴越国与后唐王朝的关系得到了缓和，与邻国的关系也还不错，内部诸事都在平稳地运行着。钱家子孙们不叛逆不捣乱还爱学习，万一他们犯了错，还有金书铁券可免三死。

每次看到家中供奉的金书铁券，钱镠都能忆起当年的高光时刻。

唐乾宁四年（897），因平定董昌叛乱立下大功，钱镠得到了唐昭宗所赐的金书铁券。要是别人准会飘飘然，但钱镠却从荣誉中意识到了危机：以前获赐金书铁券的家族子弟，很多因为仗着"免死金牌"而过于放纵，最后触碰了皇帝的底线，被杀头抄家、株连九族。

这一想，让钱镠吓出了一身冷汗。过于闪亮的荣耀，也可能是一个巨大的坑。钱镠最大的优点就是：迷糊冲动只是偶尔，清醒冷静是常态，理智长期在线。

鉴于此，得到金书铁券后，吴越天宝五年（912）正月，钱镠写下了八条家训，世称"武肃王八训"。这八条家训以晋代以来大族衰亡为鉴，"上承祖祢之泽，下广子孙之传"，大到忠孝仁义，小到兄弟相处、婚姻择偶，再到立身处事、对待金钱的态度，都有指引训诫。"欲造优美之家庭，须立良好之规则"，身为吴越国之主，他深知，家风很大程度上也就是国风。正是有了这八条家训，钱镠的家庭教育相当成功，他的三十多个儿子没有为了权和利而争得你死我活。这一点，让他很是欣慰。

但现在，钱镠觉得这八条家训还远远不够。在没有他的日子里，钱家子弟能否像现在这样严格自律，为国家、为人民谋福利？未来的国君，能否始终头脑清醒地克制自己的私欲与贪念，从而在面对战与不战、称帝还是称臣等重大问题时，做出最好的选择？怎样才能使钱氏家族不至于发生内部争斗，不至于衰落，而永远保持蓬勃的朝气和繁荣的力量？

隔空遥控下的美好画面

钱镠不禁回想起人生中那些重要时刻。

印象最深的是，当年功成名就后，自己有点小膨胀，闹了个声势浩大的衣锦还乡，当了大半辈子渔民的父亲钱宽用避而不见来提醒他：要低调，要脚踏实地。

经父亲一提醒，那个谨慎克制、清醒冷静的钱镠又回来了。

所以，朱温篡唐建立后梁，钱镠没有听从罗隐和一班大臣的建议去称帝讨伐朱温，而是向朱温称臣，成了吴越王。

称帝又能如何？扩大国家版图又能如何？人的欲望没有尽头，就算才华撑得起野心，但武力从来不是解决问题的最佳方式。历来称帝称王的人最看重的是权力，但在钱镠看来，人民安定幸福的生活才是他的终极梦想。如果野心要用无数人的生命来成就，那他宁愿守着小小的吴越国和杭州城，把这里打造成世界上最安定、最富足、最美丽的地方。

只是，天下并不太平，在自己离开人世之后，在一些重要时刻，有没有办法仍然能够给后世子孙以点化，帮助他们做出正确抉择，就像当年父亲提醒他一样？

诗僧贯休笔下那个曾经"满堂花醉三千客，一剑霜寒十四州"的吴越王，现在成了一个对后世各种不放心的暮年老人。

于是，钱镠身边的人，常常会看到他们的王有时长久地沉思，有时却又奋笔疾书。他在写什么呢？钱镠的贴身侍从纷纷表示：咱也不知道，咱也不敢问。

时间悄然流逝，转眼到了第二年。

这段时间，钱镠已经完成了最重要的那件事，他安心、平静地等待着最后时刻的到来。

虽然之前也病过很多次，但这次的病，钱镠自己知道，是好不了了。

他把钱家的子孙全部叫到病榻前，让人宣读了十条遗训——这是他近些日子以来的成果，他要把自己积累的所有人生智慧和经验教训留给后世，是为"武肃王遗训"。

子孙们都恭肃静聆，然后纷纷立誓，愿谨遵王命。最后一件心事已了，他可以毫无牵挂地去了。

本是花满江南的三月，却一连飘了很多天的雪。那是真正的大雪纷飞，天地一片苍茫，枯寂。

那一夜，大雪在黑暗中簌然而落，吴越王宫中悲声不绝——一代英主钱镠永远地离开了。

西湖含泪，钱江呜咽，群山静默，一颗硕星从天空坠落。

钱镠生前的愿望是归葬故里。吴越应顺元年（934），在钱镠的家乡安国县衣锦乡茅山（今杭州临安锦城镇太庙山）南麓，钱王陵拔地而起，那是钱镠最后的归宿。不远处，是他的父母钱宽、水丘氏的墓地。他将永远与父母为伴，与故乡的山水融为一体。

时光飞逝。宋太平兴国三年（978），一人在钱王陵墓前长跪不起，痛哭失声，几度晕厥。这个人就是钱镠之孙、第五位吴越国君钱俶，他即将离国赴京，向宋朝俯首称臣。从此之后，世间再无吴越国。泪眼蒙眬中，钱俶仿佛看见先祖钱镠在云天之上，送给他一个含泪的微笑。

"凡中国之君，虽易异姓，宜善事之""民为贵，社稷次之""如遇真主，宜速归附"……这是钱镠十条遗训里的内容，正是因为谨遵先祖遗训，钱俶才忍痛舍小顾大，完成了中国历史上第一次政权的和平更替。归于大化已四十六年的武肃王，用他的智慧，隔空遥控着局面，让这幅统一的画面如此美好。

钱王陵墓

"千年名门望族、两浙第一世家"的横空出世

1990 年 5 月 9 日，钱镠的陵墓前来了一对夫妇——前来寻根问祖的"中国力学之父"钱伟长和夫人孔祥瑛。此后，不断有钱氏名人来钱王陵前认宗祭祖，杭州临安、上海、河南等地相继成立了钱镠研究会，"钱王文化"开始在中国大地上炸燃。

人们这才知道，因为纳土归宋，吴越国的百姓免遭战乱，钱氏家族也得以保全，并且一代一代在中国大地乃至全世界落地生根、抽枝散叶，最终繁衍成了"千年名门望族、两浙第一世家"。

在人才井喷的钱氏家族中，钱谦益、钱玄同、钱穆、钱钟书、钱学森、钱伟长、钱其琛、钱三强、钱永健……这些真正值得去追慕的巨星，汇成了中国力量的条条支流。人们试图破译这个神奇家族教育成功的密码，而其实答案很简单：不是钱王陵墓的风水好，实在是钱王留下的"钱规则"，才是福泽后世的无尽宝藏。

钱氏后人在"武肃王八训"和"武肃王遗训"的基础上，形成了《钱氏家训》。几乎每一位钱氏后人的启蒙读物就是《钱氏家训》。随着他们一天天长大，《钱氏家训》里关于个人、家庭、社会、国家的内容，就像食物和水，不知不觉内化为支撑他们生命的精神养料，开阔了他们的人生格局，从而使他们成长为经世之材、国之栋梁。

每年，陌上花开的清明时节，上千位钱氏后人从世界各地赶来，伴着声声钟鼓、袅袅香烟，在钱王陵前集体祭拜先祖，齐声诵读《钱氏家训》。同他们一起参加祭祀典礼的，还有各地钱镠研究会的成员和钱王文化的爱好者，以及受《钱氏家训》熏陶的学生代表。

如今，钱王陵墓前的华表、石翁仲、石羊、石马等虽已残缺不全，但这座陵墓仍是浙江省唯一保存完好的帝王古墓。似乎是钱镠的人格魅力穿透历史的风云变幻，冥冥之中护佑了它。

钱镠不但实现了自我价值，还让他的优秀品质以家训的形式在家族中传承下来，让世人看到了代际积累的力量。他智慧的遗产，正绵绵不绝地惠及后世子孙和整个中华民族，而由他直接和间接打造的"天堂"杭州，也逐渐站到了中国乃至世界的前台，成为天下人眼中独一无二的所在。

这一切，足以让千年前，八十岁的钱镠在告别这个世界前的担忧和叮嘱，成为不朽。

的确，传承，是对未来最好的致敬。

钱元瓘陵墓：
星象图与秘色瓷的特别护佑

现实版"吓死宝宝"的真相

在改编自同名小说的网络游戏《鹿鼎记》中，有一个关卡叫"丽春院失火"，要求玩家护送童年韦小宝逃离火灾现场。这个游戏场景虽是虚构，但"丽春院失火"却真的发生过，只不过这个丽春院，不在扬州，在杭州。

有人说，丽春院失火，是现实版"吓死宝宝"，因为吴越国第二任国君钱元瓘，在这场大火后惊惧而死。

难道钱元瓘是一个胆小如鼠的无能之辈？并非如此。史书上记载的钱元瓘，智勇双全，以仁德闻名，从小就跟随父亲钱镠出生入死，靠赫赫战功成为王位继承人。

这样一位兼具勇气与智慧、由钱镠钦点的接班人，真的会因为失火而被吓死吗？简单的"吓死"两个字，又怎么能概括一个人最后的生命历程？其中必有隐情。

仔细查找与钱元瓘有关的史料，不难发现，也许他的死因，与气质关系更大——走下战场和国王宝座的钱元瓘，是个文艺爱好者，喜欢阅读，一生写过一千多首

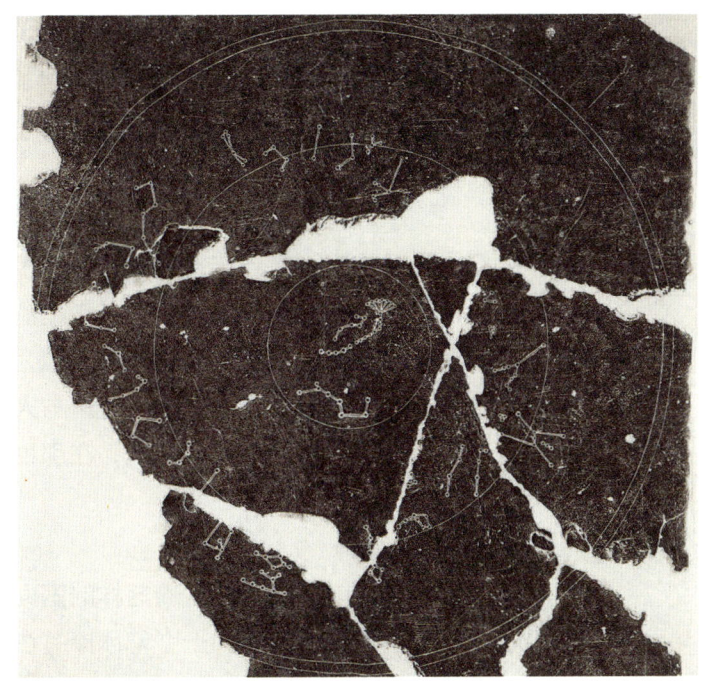

钱元瓘墓石刻星象图

诗词，只可惜保存下来的寥寥无几。

文人大都有着丰富、敏感的内心，往往因过于重情而自伤。父亲钱镠去世的时候，钱元瓘整整四天不吃不喝，一直跪在灵前。而最深最重的创痛，来自他最疼爱的长子钱弘傅。

因为妻子马氏不能生育，钱元瓘年届四十却膝下无子。贤良淑德的马氏主动奏请钱镠为丈夫纳妾，钱元瓘这才有了第一个儿子钱弘傅。可以想象，他有多疼爱这个孩子。继承王位后，他马上立弘傅为世子。可惜弘傅命薄，十六岁就早早离开了人世。

这件事对钱元瓘刺激非常大，他的心上从此留下了永远挥之不去的阴影。

吴越天福六年（941）七月，吴越王宫的一处宫室丽春院突然燃起熊熊大火，火势一路蔓延到了钱元瓘所住的王宫中，钱元瓘不得不移驾瑶台院。瑶台院以前是世子府，也就是弘僔住过的地方。

看着熟悉的庭院，当年父子一起亲密相处的场景历历在目，最深的伤痛被重新记起，越来越清晰。宫内的大火仍在燃烧着，似乎要将整个世界吞噬，刺鼻的空气令人窒息，人们四散奔逃，风声、火声与人的嘈杂声混在一起，即便是心理素质良好的人，在那种境况下也难免崩溃。

钱元瓘的眼前，不断闪现着这样的画面：像恶魔一般吐着红舌的大火，逐渐逼近弘僔冰冷苍白、毫无生气的脸……他似乎听到身体里的某根弦，突然断了。

太医诊治，说他得了"狂疾"。八月二十四日，在瑶台院的彩云堂，钱元瓘永远离开了，生命定格在五十五岁。

钱元瓘的归葬之地在龙山（今杭州玉皇山）南麓，在那里，他得到了永久的解脱，不用再忍受精神的折磨，只与山野清风、流云鸟鸣做伴。

此时的吴越国，和钱镠在时没有两样。钱元瓘在位时，不忘初心，继续推行"保境安民"的国策，并将这种观念深植到他的儿子们心中，为日后的"纳土归宋"奠定了基础。

石刻星象图与千年秘色瓷

和钱镠一直保存完好的陵墓不同，钱元瓘的王陵，和他饱受摧残的人生一样，几多磨难。

最初的钱元瓘陵墓，占地 300 多亩，地面有很多建筑，非常壮观。随着岁月的侵蚀和人为的毁坏，到了清朝，王陵占地面积只剩十分之一。

雍正九年（1731），王陵被一位孙姓土豪占为己有，原立于陵前的华表、石人、石兽以及牌坊、石柱、石碑均被掩埋。钱氏后人钱心湖向官府申诉，这才夺回了二十八亩九分的坟山。道光年间，任浙江布政使的钱宝琛重修了王陵。但到近代以后，王陵再遭毁坏。

1965 年，杭州市政府对王陵进行了考古发掘，从中出土了大量珍贵文物。

在墓室顶端，考古人员发现了一幅石刻星象图。这是世界上最早的石刻星象图。类似的星象图也出现在钱元瓘王后马氏归葬的康陵，钱元瓘妃子、吴越国最后一任国君钱俶生母吴汉月墓，钱元瓘祖父母钱宽、水丘氏墓中。操持他们身后之事的人们，相信这些星象图能带给亡者以福祉，让他们在另一个世界里仍有天星高照、神明护佑，却也无意中留下了让华夏民族后世骄傲的证据：早在那个时候，我国的天文科技已经发展到了如此先进的水平。

除此之外，还有更值得自豪和惊喜的发现：钱元瓘陵墓中出土的一件越窑浮雕盘龙罍——罍是一种盛水存粮的器具——胎质细腻匀净，色泽温润青绿，质感如冰似玉，显然与一般的青瓷不同。

这难道就是传说中的秘色瓷？没有证据，谁也不敢确定。作为皇廷专用贡品，秘色瓷是绝对的"限量典藏版"瓷器，造价高昂，制法秘不外传，普通人难得一见，所以就蒙上了种种神秘的色彩。

历史上记载的秘色瓷，如昙花一现，经过华美而又短暂的绽放之后，突然神秘地消失了。

秘色瓷究竟长什么样？人们只能从前人的文字中，脑补那美丽绝伦的画面。

最早精准描述秘色瓷的，是晚唐五代的诗人。

徐夤在《贡余秘色茶盏》一诗中用"明月染春水""薄冰盛绿云""捩翠融青""嫩荷涵露"等词句来形容秘色瓷的质感和色泽。在皮日休的眼中，秘色瓷制成的茶瓯是"圆似月魂堕，轻如云魄起"。而陆龟蒙则从整体上描写秘色瓷开窑瞬间带给人的视觉冲击："九秋风露越窑开，夺得千峰翠色来。"

1987 年，陕西法门寺地宫开启，其中 14 件越窑青瓷在各种华丽辉煌的皇家珠玉宝器中，显出一种内敛素简的别致美，引起了人们的关注。随之一起出土的供奉清单上，赫然写着"秘色瓷"的字样。

经过仔细的比对和严密的考证，考古学家们确信，钱元瓘陵墓中出土的越窑龙纹罍，正是秘色瓷。这样的秘色瓷，在马氏、吴汉月、钱宽、水丘氏等钱氏家族墓中都有出土。

2016 年，秘色瓷的确切诞生之地终于被找到——就在如今浙江慈溪上林湖畔的越窑。五代十国时期，这里是吴越国的领地。因为极其珍贵，钱镠和钱元瓘规定，秘色瓷只能为王宫所用。那时候的秘色瓷，并不只是王室成员专享的奢侈品，还肩负着特殊的使命——维护和平。

据史料记载，吴越国在向中原王朝称臣纳贡时，重量级的硬核贡品，就是秘色瓷。另外，在吴越国与朝鲜等国发展外交关系时，秘色瓷也发挥着重要作用，是名副其实的"国际瓷"。

唐咸通十四年（873），唐懿宗下令在法门寺迎奉佛骨舍利，但没有等到献礼完成，便驾鹤西去。即位后的僖宗下诏将佛骨舍利连同献礼所用的各种宝物一并封入法门寺地宫，这其中就有秘色瓷。1987 年法门寺地宫出土的文物，正是这一批。

至此，秘色瓷的朦胧面纱一点点被揭开。浙江绍兴越国文化博物馆馆长孙一琼经过考证，还原了秘色瓷的身世。

唐大中年间（847—860），上林湖畔的顶级越窑窑师罗曷，经过苦苦摸索之后，有如神助般地捕获到了一种新技能、新创意，终于烧制出了一位神秘长安客人所要求的"色如新茗碧草、清透如澄空秋水"的净瓶。这种瓷，后来被称为秘色瓷。

秘色瓷惊艳出世，成为皇室贡品，罗曷也自然成了御用窑师。制作秘色瓷的独门绝技后来被他传给了儿子罗公受、孙子罗弘坦。

时间来到了宋开宝七年（974），罗弘坦已经是风烛残年的老人。此时，贮存的秘色瓷专用瓷土已经用完，再也无法找到可以替代的瓷土。罗弘坦心里明白，秘色瓷将要像自己一样，永远从这个世界上消失了。

如果罗弘坦泉下有知，大可不必如此悲观，因为吴越国钱氏的家族墓地，成了秘色瓷的特别保护之所。随着钱元瓘陵墓的挖掘，深埋岁月中的千年秘色瓷，终于重见天日，露出真容。

2017年5月23日，故宫博物院举办了"秘色重光——秘色瓷的考古大发现与再进宫"大型展览，187件秘色瓷精彩亮相，钱元瓘及其钱氏家族墓出土的秘色瓷赫然在列。那是一场视觉与文化的高规格盛宴。

正是源于我国古代传统文化中"事死如事生"的丧葬理念，长眠地下的人，怀着让生前珍爱之物在另一个世界陪伴自己的祈愿，这些比生命更长久的器物，才得以逃过岁月之手，在黑暗的泥土深处得到护佑，而我们现代人才能在千年以后，在博物馆里，聆听那些"会说话"的国宝，无声地讲述一个个动人的前世传说。

武松墓：向草根英雄致敬

《水浒传》中武松的人设堪称完美，因为颜值高、武功强、一身浩然正气而圈粉无数，连金圣叹也称武松是"水浒第一人"。

在施耐庵的笔下，"胸脯横阔，有万夫难敌之威风；语话轩昂，吐千丈凌云之志气"的武松，简直就是个神一样的存在。

不过，武松或许并非纯粹虚构，历史上可能真有其人，陆次云《湖壖杂记》、胡祥翰《西湖新志》和钟毓龙《说杭州》等都记载了武松其人。杭州民间也流传着"打虎"之事，不过这"虎"不是一只"吊睛白额大虫"，而是一个人，打虎的地点也不在景阳冈，而在杭州城。

且说那一日，北宋朝廷"官后代"、杭州知州蔡鋆酒足饭饱之后，一边剔着牙，一边哼着小曲优哉游哉地出了大门。他大约是要去做某种不可描述之事，所以并没有带太多随从，身后只有两个小跟班。

刚刚出门走了没几步，突然，斜刺里冲出一个人来，一声大喊："蔡虎，我今天替杭州城的老百姓灭了你！"

蔡鋆还没反应过来是怎么回事，只见寒光一闪，一把尖刀无比精准地刺向他的要害部位，瞬间血流不止。不一会儿，蔡鋆就翻着白眼死了。

围观的老百姓都暗暗冲刺客竖起了大拇指。

这个蔡鋆，仗着自己的靠山是一手遮天的当朝权臣蔡京，把自己的人生格言定为"我不要你觉得，我只要我觉得"，在杭州城尽情放纵，一看见金钱和美女就要据为己有，欺压百姓，无恶不作，其危害性不亚于一只吃人的老虎，所以人们叫他"蔡虎"。

府衙里的人当然不是摆设，他们集体出动来捉拿刺客。到底是官府，人多势众，刺客武艺再高强，也最终因气力耗尽，寡不敌众，被抓进了大牢。

在狱中，刺客除了说自己的名字叫武松以外，拒不认罪。即便被折磨得死去活来，他来来回回也就一句话："我没罪，蔡鋆该杀。"

又一个太阳照常升起的清晨，当狱卒打开牢门，准备再次押着武松去公堂审讯时，才发现不知什么时候，他已经停止了呼吸。

武松死后，他的故事被杭州城的人们口口相传。人们这才知道，这个流浪卖艺的青年，原来并不简单。他身怀绝世武功，是有"铁臂膀"之称的陕西大侠周侗的徒弟，为人低调，不喜攀附权贵，早年在涌金门一带卖艺，后得到杭州知州高权的赏识，进入衙门做了捕快，后被提升为都头、提辖，成了高权的得力助手。

正当武松干劲十足，准备充分为社会发光发热的时

武松墓

候，却发生了一件不幸的事——高权因为得罪权贵而被罢免，武松也因此被赶出府衙，失了业，他便重操旧业，在街上卖起了艺。

在卖艺的过程中，他常常听到百姓们私下议论新任知州蔡鋆如何之坏。生活在底层的武松，非常能理解劳苦大众的这种感受，那是一种无力反抗又无处发泄的悲哀和愤怒。他决定豁出命去，杀死"恶虎"。这就有了府衙门口的刺杀事件。

杭州城的百姓们为了表达对武松的纪念和感谢，自发组织起来，将武松葬于杭州六和塔附近。在岁月的磨砺中，"平民英雄"武松的墓也经受着重重风雨。

1924 年，上海大亨黄金荣、杜月笙来杭州游玩，看到武松的墓地破败不堪，有感于武松的忠义，便出资将武松迁葬到了西湖西泠桥边，墓碑上刻"宋义士武松之墓"。据说在迁葬时，杜月笙本以为武松墓只是一座空墓或衣冠冢，结果却从朽坏的棺木缝隙中窥见了英雄的遗骨。近代史上的名校云南陆军讲武堂校长高尔登为武松墓写了墓联："失意且伍豪客；得时亦一英公。"

此后，在"清墓运动"中，武松墓被毁，只留下一座被凿去楹联的石牌坊。1964年，它又被彻底平毁，连石牌坊也没留下。

2004年，为充分挖掘杭州的传统历史文化，应广大市民要求，在经过专家学者反复论证的基础上，杭州市政府依照老照片，在西泠桥畔依原样重修了武松墓。

《水浒传》以外的宋义士武松，作为一个草根英雄，他用生命捍卫了正义，湖山间又平添一股英雄气。

魏骥墓：湘湖守护神，永伴湘湖

在杭州，除了西湖，还有一个名湖，那就是位于萧山区的湘湖。湘湖，被称为萧山的母亲湖、西湖的姐妹湖。

西湖有知名度很高的十景，湘湖也不示弱，有著名的八景：城山怀古、览亭眺远、光照晨曦、跨湖夜月、杨岐钟声、横塘棹歌、湖心云影、山脚窑烟。只听名字，就让人心醉。

湘湖还有一个跨湖桥新石器时代遗址博物馆，那里出土了一条八千年前的独木舟，使得浙江的文明史可追溯至八千年前，这是杭州乃至全中国的骄傲。

既有超高颜值，又有丰富的历史文化内涵，这样的湘湖，真是让人大爱！但实际上，湘湖并不是一直都这么美的，历史上有一个人，为保护湘湖做出了很大的贡献，他就是明朝重臣魏骥。

明景泰元年（1450），魏骥的第三次退休申请终于得到了明代宗的批准，他如愿告老还乡。

一踏上故乡萧山的土地，魏骥就心潮难平。于是，

水墨湘湖

他坚持要步行回家——每一步，都是对旷日持久的乡愁的抵偿和抚慰。

当梦萦魂牵的湘湖出现在眼前时，魏骥没有想象中的惊喜，却感到难以抑制的心痛。如今的湘湖，再也不是他记忆中碧波万顷、明净澄澈的模样。坍塌的湖堤，连同淤积的湖泥侵占了大片湖面，上面还种着庄稼。湘湖变得那么小，湖水又那么混浊，仿佛受人欺负的女孩子，显得楚楚可怜。

七十七岁的魏骥当即决定，趁着自己身子骨还硬朗，

一定要为湘湖做点什么。

　　魏骥到县衙去找当时的县令朱玉和县丞李孟惇。两位县领导开始还以为是个上访的老农民，因为眼前的老人，一身粗布衣服，说话语气轻柔，态度谦和，没有一点儿当官的架子。

　　当魏骥自报家门时，朱玉和李孟惇才确信，这就是传说中的当地大名人、五朝元老魏尚书。早就听说他为官清廉、两袖清风，今天一见，果然质朴平易，但浑身上下自有一种气场，令人不得不尊重和敬畏。

魏骥向朱玉和李孟惇陈述了目前湘湖年久失修的弊端：蓄水量减少，湖堤损毁，不但影响农田灌溉，而且一旦天降暴雨，萧山人民必受水灾祸害。

经魏骥这么一说，朱玉和李孟惇才意识到了问题的严重性，他们当即表示，同意重修湘湖，只是本地缺乏专门研究水利的人才，一时苦于无处下手。魏骥说："这样吧，我来想想办法，设计一个整修方案，你们看如何？"

朱玉和李孟惇知道魏骥有才，诗文和书法都很厉害，但没想到他对水利也有研究。其实，魏骥原本对水利也并无多深的研究，但是为了重现湘湖之美，为了家乡的人民，他愿意努力学习。

就这样，晚上，魏骥在灯下熬夜翻书，查找有关水利方面的文献资料，把有用的信息整理成笔记；白天，他头戴斗笠，脚穿草鞋，拄着拐杖，绕着湘湖一圈一圈地进行实地考察。

在度过了不知多少个辛劳的日夜之后，魏骥终于拿出了一个完整、细致的湘湖保护治理方案。朱玉和李孟惇非常满意，湘湖整修工程正式开始。

魏骥更忙了，他每天依旧头戴斗笠，脚穿草鞋，到处查看工程进展情况。晚上虽然很累，但他舍不得休息，白天遇到的各种情况、出现的一些问题，他都要记下来。当然，有些好的经验和做法，他也会记下来。

就这样，经过几年的努力，湘湖重新焕发了生机，湖堤坚固，湖水清澈，堤岸上绿柳依依，人们都说"湘湖成了萧山大地上的一幅画儿"。

"漾漾平湖趁晓风，推篷随处趣无穷。金花炫日波心荇，铁杆昂霄石上松……"后来，魏骥曾怀着满足而欣喜的心情，在《癸酉立秋日放舟湖上将抵乐丘触景偶成》一诗中这样描述湘湖之美。

二十一年光阴倏忽而过，明成化七年（1471），魏骥已经九十八岁了。他越来越频繁地回忆过去，也开始考虑身后之事。

从七十七岁退休回到萧山开始，他把余生都交给了这片生养他的土地。除了治理湘湖，他还在萧山主持修建了螺山堰、石岩堰、毕公堰、西小江堤塘等十余处水利工程。

正是由于魏骥对于萧山水利投入的努力，明景泰七年（1456）和天顺五年（1461）天降大雨时，洪水被坚固的堤塘所驯服，洪涝的危害性大大降低。

魏骥几十年如一日地守护着湘湖，也俨然成了萧山的一位水利专家。他把自己这么多年来参与萧山水利建设的经验加以整理，写成了《萧山水利事述》一书，又把自己搜集的所有水利文献汇编成《水利切要》一书，为萧山的后世水利建设留下了宝贵的遗产。

或许，每个生命走到尽头的人，都会得到某种神秘的暗示。

此前，魏骥在湘湖东南岸的徐家坞选中了一片叫作"乐丘"的土地，作为自己最终的长眠之所。他怀着热切和喜悦，写诗赞美"乐丘"："风藏气聚冈峦合，土厚泉深草树滋"，"青山绕屋水连天，风景依稀似辋川"……在他的眼里，乐丘山清水秀，草木繁茂，与王维的辋川有一拼。

九十八岁的魏骥越来越真切地感到死神的迫近，他立下遗嘱，表示自己死后丧事要从简，不要惊动众人，不接受奠礼。

心态平和，布衣粗食，没有私心杂念，心地坦荡豁达，这或许就是魏骥成为罕见长寿老人的秘密。

在立下遗嘱几个月之后，魏骥安然离世。

之前，有人将魏骥退休后的事迹上报朝廷，皇帝派来嘉奖、慰问的使者还在路上，就得到了魏骥去世的消息。按照魏骥生前遗愿，家人将朝廷所赐的财物全数捐给了灾民。活着时两袖清风的魏骥，死后也希望用极为简单朴素的方式，告别这个世界，只与他最爱的湘湖日夜相伴。

魏骥在生命的最后，还记挂着灾民，担心惊扰百姓，这令明宪宗深为感动，称他为"纯臣"，于是不但批准了萧山乡亲们的请求，让魏骥与杨时共享德惠祠，还在徐家坞魏骥选定的墓地上，为魏骥修筑了有石人、石马、石羊等重重守卫的墓葬，当时的大学士商辂为魏骥撰写了墓志铭。

如今，如果你来到杭州萧山区蜀山街道湖山社区徐家坞山西麓，就能看到魏骥墓地。长长的墓道，绿草如茵，墓道两旁的石人、石马、石羊等雕像，静静地守护着墓主人。正是这已经成为文物的古墓葬，让怀念有了寄托，湘湖将永远铭记这个名字——魏骥。

方廉墓：
古代学霸与百年名校的机缘

一个杭州富阳人告诉你：上海也有明城墙

古城墙是祖先留给我们最重要的宝贵遗产之一。如今，南京、西安、平遥、襄阳等城市骄傲地宣布：俺们可是有古城墙的城市！上海表示不服：老城墙吗？我们也有！这，有一位历史人物方廉可以作证。

方廉是明代新城（今杭州富阳区新登镇）人，他从小到大都是一枚妥妥的学霸。虽然古代科举考试难度系数太大、录取率太低，但方廉还是在明嘉靖二十年（1541）顺利考中了进士，相当于现在博士毕业。那一年，方廉二十七岁。

三年之后，方廉被任命为松江知府，相当于上海市的市长。上海在南宋是个镇，元代成了县，到明代叫作松江府。

明嘉靖年间的上海，因为朝廷腐败，军队战斗能力下降，由此遭受到海盗的侵扰，其中危害最大的海盗来自日本。明嘉靖三十一年（1552）夏天，日本海盗在上海很顺利地抢了一些渔船，他们惊喜地发现：在这个地方发财，简直不要太容易哦！

从此，这些梦想不劳而获的日本强盗们，就时不时冲进没有任何屏障阻挡的上海城"发财"。上海百姓一听到海盗的名字，就像见到了阎王，恐惧、气愤，却又无可奈何。

这一切，让方廉觉得异常痛心。他筹集资金，在上海建造了城墙。

有了城墙保护的上海，虽然也偶尔会遭到海盗们的小骚扰，但像以往那样大规模的劫掠却再也没有出现过。一座城墙，保护的不仅是上海人的生命和财产安全，更是中国人的尊严。

但是这城墙却没有保留下来，实在是一桩憾事。

从清光绪二十六年（1900）开始，朝廷中开始了一场关于"上海老城墙保留还是拆除"的辩论会。这场辩论一直持续到民国时期的1912年才尘埃落定，最终凝结着方廉和无数人心血的上海老城墙被拆除。曾经雄伟的上海古城墙，如今只留下南市老城厢大境路上的一小段，供人们通过这残垣断壁，去悬想一个杭州富阳人在上海创造的历史。

古代学霸与现代名校的奇妙相遇

富阳新登镇的新登中学，是一所闻名浙江、具有悠久历史的名校。现在的新登中学建于1941年，但它的历史却可以追溯到明嘉靖年间。这要从现存于新登中学小黄山的一座碑讲起。

这座碑的碑文叫《观音堂记》，他的作者就是方廉。

原来新登中学的所在地，在明嘉靖年间是多福禅寺。当时的新登，已经三十年没有出过有影响力的人才了，学官唐尧儒看中了多福禅寺这个地方，就将原来的儒学学堂搬到了这里。

方廉就在这新建的儒学学堂里读书。他非常好学，新登至今流传着方廉"和月读书"的故事。

今天的月和山，那时候叫老山顶。方廉非常喜欢这座山：山间古木参天，修竹青茂，流水潺潺，空气如洗；站在山顶，可以看到秀美清澈的湘溪蜿蜒流入富春江，像一条玉带飘扬在这片土地上……

方廉从史书中知道，宋代著名的大文豪苏轼在杭州任通判时，经常来新城游览，为这片山水写下过不少美丽的诗篇，其中方廉最喜欢的也是最著名的一首诗《新城道中》是这样写的："东风知我欲山行，吹断檐间积雨声。岭上晴云披絮帽，树头初日挂铜钲。野桃含笑竹篱短，溪柳自摇沙水清。西崦人家应最乐，煮葵烧笋饷春耕。"

方廉常常爬上老山顶，一边将身心沉浸在草木芬芳之中，一边读书。有时候到了晚上他还舍不得走，就"和月而读"。月色伴着书香，将方廉带入一个美妙的世界。

不知不觉，方廉听见鸡鸣声，抬起头，这才发现月亮已经西斜，东方透出了熹微晨光。原来，他竟然在这山上读了整整一夜的书！

这样好学的孩子，怎么可能学习不好？所以，科举考试时，学霸方廉毫无悬念地金榜题名。唐尧儒高兴坏了：看来我的眼光不错嘛，这块地的确是风水宝地。但其实，如果没有方廉"和月读书"的努力，就算再好的风水宝地又能如何！

当年儒学学堂迁址时，多福禅寺没有保存下来，只留下了一尊观音像，被一位姓汪的居士带回家中供奉。方廉金榜题名之后，汪居士也兴奋不已，认为这是他供奉的观音菩萨显了灵，便请求方廉为观音堂写一篇文章。方廉欣然应允，提笔一挥而就，《观音堂记》就这样诞生了，后来被刻成了碑。如今，这块碑完好地保存在新登中学的"圣园碑林"里，向人们讲述着百年文脉的传奇。

方廉作为第一届儒学学堂的毕业生，也算是新登中学最老的校友，他从这里走向朝廷，走向上海，最终在上海筑造了一座古老的城墙，而他自己，也成为温雅文士与抗倭名将的复合型人才，官至工部侍郎，成了"东安方氏"家族中最有成就的人。

为了纪念方廉在老山顶上读书的事迹，人们把老山顶改名为"月和山"，现在山顶上还有月和殿，山腰有步月亭。跨进月和殿，坐在步月亭中，仿佛还能听到少年方廉琅琅的读书声，与清风鸟鸣应和着。

年老的方廉，退休回乡以后致力于公益事业。他筑堤建桥，修庙施粥。明万历二年（1574），方廉应知县温朝祚之邀编纂《新城县志》，继续为家乡发挥余热。

明万历十一年（1583）秋天，七十岁的方廉无疾而终，归葬现今的新登镇天柱山南麓。原墓没有保存下来，但据史料记载，方廉墓占地约5亩，墓地前有50米长的青石墓道，两边立着华表以及石虎、石羊、石翁仲等，

方廉墓前的石马

还有一块写有"文武百官至此下马"的下马碑。"下马碑"是古代皇家下令设立的碑石，多设立在宫殿或庙宇前，有些得到皇帝特别嘉奖的人，墓地前也会立下马碑。墓地有这样的待遇，可见方廉当时在皇帝心中的地位。据说方廉去世之后，皇帝还赐金头陪葬，所以民间也将方廉叫作"金头将军"。

如今，方廉墓前的石虎和下马碑，保存在新登中学的校园内。仿佛一种前世注定的相遇，一位古代的学霸与一所和他渊源颇深的百年名校，就这样在历史的长河中，互相守望和陪伴。

朱凤标墓：
收藏世家与故宫的隔世渊源

近年来，故宫成了"网红"景点，"萧山朱氏"也上了热搜。这个从烟雨江南走来的家族，何以成为文化收藏世家？又是怎样与故宫结缘的？

这一切，要从一个叫朱凤标的人说起。

元末，朱熹的七世孙朱寿从祖籍江西婺源来到浙江萧山，自此，朱氏一门在江南逐渐兴盛繁衍，最终"坛里金"村变成了"朱家坛"村。

清嘉庆五年（1800），朱凤标出生。虽家族兴旺，但萧山朱氏子弟朱凤标却生来运气不佳——因从小父亲早逝，他只好跟着母亲寄住在舅父家。艰苦的环境有益于励志，作为一个有理想、有抱负的孩子，朱凤标一直是当地有名的"学霸"，科举考试得了个全国第二，那时候叫一甲二名进士，就是紧排第一名状元之后的榜眼。从此，这个苦孩子的人生一路开挂，在朝四十多年，历任户、刑、兵、工、吏五部尚书及体仁阁大学士，与朱珪、汤金钊并称清代"萧山三相国"。

考中进士以后，朝廷分配给朱凤标的第一份工作是翰林院编修，相当于现在的中央政府办公厅秘书。就这样，朱凤标成了萧山朱氏第一个拥有北京户口的人。

"知识改变命运"这句话在朱凤标身上得到了实证。从草根逆袭成为政府高级公务员的朱凤标，并没有因为第一阶段人生理想的实现而停下求索的脚步，他不但像以往十年寒窗时一样酷爱读书，还喜欢上了藏书。书让朱凤标内心宁静、人生充实，对物质享受并无贪欲，这或许也是他成为政坛常青树的原因所在。

因为官清廉、能力突出，朱凤标曾被御赐在近光楼居住十余年，这是清廷对于汉臣的最高礼遇。

近光楼是澄怀园内的一所建筑，游廊曲折，三面环水，环境非常优美雅静。澄怀园离圆明园不远，是专为南书房和上书房大臣所设的寓所，俗称翰林花园。

朱凤标在近光楼藏有大量珍贵书籍。公务之余，倚窗闲读，是为悦心；读累了，抬眼望望澄怀园和圆明园的美景，是为悦目。可是他怎样也想不到，这样的岁月静好，会终结于一场无耻的侵略。

清咸丰十年（1860），秋天的圆明园和澄怀园美得可入诗入画。然而，一场悲剧不可避免地发生了：英法联军侵入北京，烧毁了圆明园，澄怀园也被大火焚毁，朱凤标多年来费尽心血所藏的珍本书与近光楼一道化为灰烬。

朱凤标是一个文人，无法上阵杀敌，他只能眼睁睁地看着家园被毁，国土沦丧。身为朝中一品大员，朱凤标从未感觉到如此无力和愤怒。

其实，朱凤标一向主张与英国积极抗战，是朝中"主战派"的代表之一。他曾三次上奏咸丰皇帝，明确表示自己的意见：对于英军，一定要积极对抗，不能消极妥协。

"能战始能议和""国家根本全在民心，英夷所畏亦即于此""津民与夷人势不两立，夷人畏民甚于畏兵，应军民并用"……这些是朱凤标的观点。朱凤标不是军人，却对形势有清晰的认知和准确的判断。他明白，只有拥有战胜的实力，议和时才能有平等的地位；民心是一个国家最重要的武器，也是敌人最惧怕的神器。

他还提出了一些具体可行的建议，比如可以通过调节海河周围的减水坝，使进入天津海口的英国船搁浅，以此阻止英军入侵；他还建议朝廷鼓励广东民间抗英力量，重视人民的作用，军民并用，团结一心……

只可惜，他的赤胆忠心与苦口婆心被无视。多年以后，他的后人朱家溍在故宫看到了他当时所写的奏章，不胜感慨。

所幸，在京城东交民巷，朱凤标还有一处住宅，宅邸有御赐匾额"台衡介祉"，所以他把自己在宅中的书房取名为"介祉堂"，那里还有一部分藏书。

尽管如此，朱凤标仍然感到痛心，不只是因为心爱的藏书，更是因为圆明园，因为这个国家。

中国之所以挨打，是因为科技文化逐渐落后于西方。说到底，文化是一个国家最重要的软实力。为今之计，他所能做的，只有做好一个尽职尽责的臣子、一位能够树立良好家风的家长，以使朱氏后人有能力、有觉悟造福人间。

近光楼被烧十三年之后，清同治十二年（1873），朱凤标在北京逝世，归葬萧山故里。

清光绪二十六年（1900），八国联军侵略北京，"介祉堂"也没能保住。

或许，朱凤标早有预料，他也想好了应对之策：书虽被烧，但只要人心不灭，总有希望在。

他没有给子孙留下什么可观的、有形的物质遗产，但无形的精神财富，至今令后人取用不尽。这一切，可以用他撰写的一句联语来印证："种树如培佳子弟；拥书权拜小诸侯。"知识不但能改变个体的命运，也能让国家复兴。

后代子孙没有让朱凤标失望，他的曾孙朱文均是故宫博物院首批专门委员，朱文均的第四子朱家溍是故宫的国宝级专家。

朱文均临终前，嘱咐妻子和四个儿子，希望将毕生所藏碑帖捐献给故宫，这些藏品占了故宫碑帖一等品的四分之一。而朱家溍四兄弟也继承父亲遗志，将家藏无偿捐赠给故宫博物院、中国社科院、承德避暑山庄、浙江博物馆、萧山博物馆等。

他们从朱凤标那里继承到的，不仅是求知和收藏的传统，更有共享和奉献的精神。收藏不是为了私藏，而是为了更好地实现对文化的保存和再发现。

其他朱家后人也颇有建树，在书画艺术、航空、机械、医学等领域都有专家级别的人物出现。

在萧山朱氏家族中，一直有一种一脉相传的东西，自爱、自立、爱国，以求知为乐趣，不慕虚荣。正是这样的传承，成就了萧山朱氏。

这就是萧山朱氏中兴的灵魂人物，也是朱氏走向故宫与收藏的奠基人朱凤标，对这个世界、对中国的遗爱。

在如今的杭州萧山区所前镇越王村山里沈自然村，朱凤标的墓地显得那样低调而素朴，墓碑上是由朱家溍所书的"太子太傅体仁阁大学士朱文端公凤标之墓"，墓前有一个祭台和小平台，墓地两侧有石羊和石虎守护。

相比于很多名人墓地，这里显得有些冷清，但实质上，这正与墓主人的精神气质相暗合。每一座古墓，都是一个逝去的不凡生命在世间的另一种存续方式。怀念，即是传承。

第二章

文化和科技的传薪者

罗隐墓：
"晚唐之光"，不灭的传奇

在钱镠到来之前，病榻上的罗隐，正在脑海中进行最后的人生盘点。

在罗隐七十七年的生命中，有五十五年都是成功学里定义的失败者，最惨烈的经历是：二十七岁之前的寒窗苦读，换来的是十二次毫无悬念的落榜！科举考试的极低录取比例是一方面，但落榜的真正原因不是罗隐能力不强，实在是因为他的个性太"刺儿"。

他明白考官的小心思，但那些歌功颂德、粉饰太平的文字，他压根不屑于去写；他也知道考场之外的潜规则，但也不打算去遵循。这黑暗的乱世，需要更多清醒、有良知的人去增添一点光芒和定力。

宁可不做官，也要说真话；宁可做个史上最惨落榜生，也要坚持自我做人的底线和原则。他不知不觉地，将自己的人设定位成了推动社会进步的一朵浪花。

但是，世人不懂他的内心，只道他是个容貌丑陋、性格怪异的毒舌诗人。关于长相，他曾在诗里说自己"未能惭面黑，只是恨头方"，丑就丑，大大方方承认，毫不虚伪。他那时也算"网红",只不过人们对他的主体印象是"丧",没有人能看清他表面满满负能量的背后,其实是至真、至纯的理性和深情。于是他的经世致用之心,一再受到挫败,从考场到职场,一直如此。

参加完最后一次科考,将原名中的"横"换成了"隐",他看似被现实驯服了,但骨子里的东西注定无法改变。他仍然用与颜值成反比的才华,顶着"乞丐骨头圣旨口"的名号,向世人灌着一口又一口"毒鸡汤"。只是,品出其中真味的,能有几人?

唐僖宗光启三年(887),五十五岁的罗隐,结束了十八年的宦游隐居生涯,回到故里杭州。

或许是心里还存着一点希望,不甘余生就此交待,他前去投奔心胸宽广、善待文士、时任杭州刺史的钱镠。

他给钱镠的见面礼是一卷诗文,卷首是两句颇具挑衅意味的诗:"一个祢衡容不得,思量黄祖谩英雄。"这是借三国时黄祖不重用癫狂名士祢衡反而将其杀害的故事,来试探钱王是否真有容人之量。

走到人生的尽头,他还清晰地记得钱镠当时的反应:他大笑提笔写出"仲宣远托刘荆州,盖因乱世;夫子辟为鲁司寇,只为故乡",这是把他罗隐视作王粲和孔子。他当时就决定追随钱王。

他就是这样的人。看起来狂得跌破底线,其实内心柔软,能明察别人的好。

正当罗隐想得出神时,钱镠来探病了。

看得出，钱王内心非常悲伤，但努力掩饰，表面上装作云淡风轻地安慰他说，快快好起来，还有很多大事等着和他商量。

他感激地看着那张脸，那笑容让他温暖，是钱王给了他生命中仅有的春天，虽来得有些晚，却美得几乎没有遗憾。

他向钱王表达谢意。钱镠却说："该说感谢的，应该是我。能直言、肯直言、敢直言的人，是多么珍贵。你忘了，两年前我刚获封吴越王，下令在西湖捕鱼之人要上交份子鱼，是你借《磻溪垂钓图》题诗婉言劝谏，我才意识到自己的错误，减免了百姓的赋税。那次，你我一同巡视刚建好的杭州罗城，你说了一句'敌楼不如向内'，这话提醒我，在以后执政时，时刻注意处理内部关系，杭州、吴越的兴盛安定，你功不可没。还有那次……"

钱王陷入数不尽的回忆里。他是真的欣赏罗隐。

当年朱温灭唐后，罗隐劝钱镠起兵讨伐朱温，奉行"保境安民"国策的钱镠不愿发动战争，转而对朱温俯首称臣。虽然罗隐的建议没有被采纳，但他在钱镠心里的分量更重了。原因在于：之前动不动就对唐朝各种挑刺的罗隐，却在唐亡之际，仍心向故国，原来毒舌缘起，不过是爱之深、责之切。这足以证明罗隐的人品和襟怀。

而今，这个人却因衰老和疾病显得那样脆弱，如果就此一病不起，以后，还有谁能像他一样，在钱镠遇到大事难以决断之时，给予中肯而诚挚的意见？

一念及此，钱镠再也控制不住自己的感情，他起身在壁上题诗"黄河信有澄清日，后代应难继此才"。黄河水再浑浊，总会因时光的沉淀而有清澈的一天，可是罗隐之后，恐怕再无这样的人才了。

看到这两句诗，罗隐终于释然。哪怕被全世界误解，只要有一人懂他，也就够了。

那是吴越天宝二年（909）十二月十三日，罗隐去世，归葬故乡新城（今杭州富阳区新登镇）。

在如今富阳新登的贤明山上，有昭谏亭、罗隐碑林。罗隐，字昭谏。他似乎生来就注定要做个心地清明、以刺世来救世的特立独行之人。

在历史和文坛上，罗隐不算重量级的人物。大多数人熟悉的，不过是他那一句"采得百花成蜜后，为谁辛苦为谁甜"。

他从不正面宣扬自己，说出类似"位卑未敢忘忧国"这样的话来，但是只要肯细心关注，就会发现罗隐的诗文作品不但博杂、通透、深刻，而且有担当、接地气，甚至有着超前的现代意识。

他一直是一个配角，没有机会让自己的文字进入主流世界，不得已，只好另辟蹊径，"著私书而疏善恶"。他的披着幽默段子外衣的讽刺小品文集《谗书》，在嬉笑怒骂之中，能让人读出眼泪。

幸而，总有人能发现他的好，鲁迅就曾评价说，罗隐，是晚唐一塌糊涂的泥塘里的光彩和锋芒。

正因为同样关心民生疾苦，罗隐与钱镠惺惺相惜。

也因此，罗隐在广大底层民众的心目中，是神一般的存在。从没有一个诗人，能像罗隐这样，成为从两浙到两广的民间传说中，千百年来戏份十足的主角。

故事中的罗隐，活成了不灭的传奇。2009 年，罗隐传说被列入浙江省非物质文化遗产名录。这是时光的公正，也是上天的另类奖赏。

尽管现在，罗隐的墓地已经湮没，寻不到具体的位置，但他不会被遗忘。他的身形和灵魂，早已与杭城的山水融为一体。

林逋墓:
隐逸精神与士人品格的经典诠释

宋末元初,负责江南佛教事务的杨琏真伽——公开身份是僧侣,秘密身份是盗墓贼——在宰相桑哥的支持下,在杭州、绍兴进行了一系列"挖宝"活动。

在西湖孤山,杨琏真伽发现了北宋林逋的墓。他脑洞一开,命令道:"挖!"虽说林逋只是个隐士,但有皇帝御赐的名号,说不定有意想不到的收获。

结果却令杨琏真伽大失所望:墓里的陪葬品只有一方端砚、一支玉簪。

如果杨琏真伽在行动之前做足功课,他就该知道,二百多年前,当林逋择孤山而终老时,就已经将功名富贵、扰攘尘俗一并隔绝在生命之外了。

当年,一脚踏进孤山,年逾不惑的林逋知道,此生再不会离开。

四十不惑,不是因为看清所有,而是在经历过父母双亡、科举不第、放游江淮之后,才明白了什么是生命中最重要的东西,那就是:回来做自己。

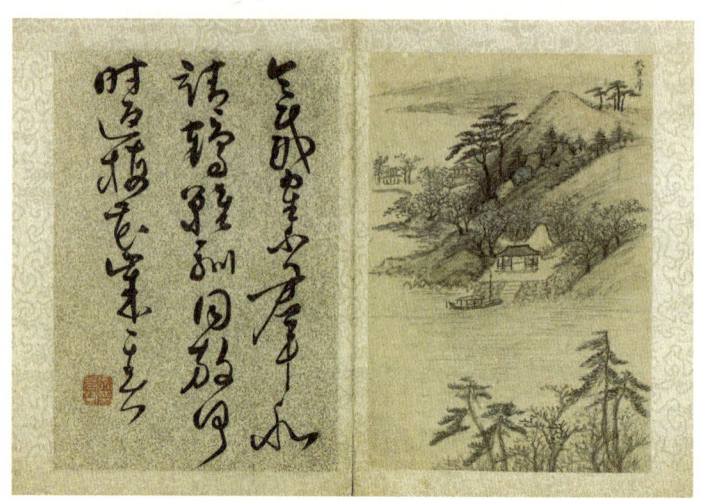

〔明〕卞文瑜《西子眉·放鹤亭》

　　的确是回来，杭州是故乡。为什么选择孤山？因为它孤悬西湖之中，像极了他的孤独。世人都求出仕做官，光耀门楣，他却逆向而行，决意归隐湖山。

　　孤山的日常就此起笔，是诗一样的。闻梅香，观鹤舞，听鹿鸣，与猫戏。

　　写诗是最重要的日常。写得最多的，当然是梅。"疏影横斜水清浅，暗香浮动月黄昏"一句，是为咏梅绝唱。

　　他写鹤："一唳便惊寥泬破，亦无闲意到青云。"

　　他写鹿："春雪满山人起晚，数声低叫唤篱门。"

　　他写猫："纤钩时得小溪鱼，饱卧花阴兴有余。"

　　他亦写四季西湖。春："文禽相并映短草，翠潋欲生浮嫩烟。"夏："莲香如绮细蒙蒙，翡翠窥鱼袅水荭。"秋："疏苇先寒折，残虹带夕收。"冬："浩荡弥空阔，霏霏接水渍。"

终日闷在屋里写诗也不妥，西湖边多的是名寺高僧。划一叶扁舟去探访清谈，往往忘了时间，冷不丁抬头，见鹤拍动雪白的翅膀在云端盘旋，就即刻回还。

那时候没有手机微信，这是和家僮约定的暗号。鹤飞，必有客到。

一个单身文艺男中年，以梅为妻以鹤为子，这样的生活方式颇为另类。有人说，这很像行为艺术，但他远离时尚圈，哪懂这个，只不过依照本心行事罢了。

这些客人都是慕名而来，有文人，也有官员。他虽清高，却不傲慢。于是，他的朋友圈人数渐增，知名度亦随之提升，最后竟连宋真宗也知道了，派人带着礼物来看他。

按说，这时候只要林逋愿意，入朝为官是分分钟的事。但，既如此，他又何必归隐？宋真宗感佩他的风骨，赐名号"和靖处士"。"处士"指的是善于自处、不求闻达于当世的清高之士。

有人问他："你为什么不像别人一样，娶妻生子，当官拿工资，过正常人的生活？"他呵呵一笑："我平生最大的心愿，不是拥有美满的家庭，也不是得到功名富贵，只有在绿水青山的怀抱里，才感觉到舒心。"

其实，心底里，他清楚，自己并非天生的隐士。不是没有过热血青春，也不是没有过抱负理想。"胆气谁怜侠？衣装自笑戎。寒威敢相掉，猎猎酒旗风。""汉廷无得意，谁拟荐相如？"这些诗句是明证。

只是，他有着自己的坚守。某些失节文人，使出浑身解数为腐朽的朝廷歌功颂德，借此博取上位。这样的官，他不屑做。选择与青山绿水相伴度过余生，他很坚定，因为整整二十年，他都没有离开过西湖与孤山。

随着年华渐老，林逋自知大限将至，遂在住屋旁边自筑墓庐、自作寿堂，还写下一首诗《自作寿堂因书一绝以志之》："湖上青山对结庐，坟头秋色亦萧疏。茂陵他日求遗稿，犹喜曾无封禅书。"

这首绝句里有个典故：据说司马相如死后，汉武帝从他的遗稿里发现了一封奏书，内容是称颂汉武帝的封禅。

回顾平生，林逋最欣慰的是自己从未写过违心的文字。

他对诗名亦是不看重的。写过的诗，随写随弃。有钦慕他的有心人便将那些诗句悄悄记录下来，所以才有传世于今的三百余首林逋诗作。

宋天圣六年（1028）的某一天，林逋安然逝去。

临终前，他对他的梅树说："二十年来，你们给我的，已经够多了。从此，敛放枯荣就由你们自己了。"他对那两只鹤说："我要走了，南山之南，北山之北，你们可以自由地飞去。"

据说，林逋离世之后，他种下的三百六十棵梅树，为他齐齐绽开花朵，而后逐渐枯凋；而那两只鹤则悲鸣而死，后人将鹤葬于他的墓侧，是为鹤冢。

宋仁宗闻讯赐谥号"和靖先生"，林逋也因此被称

孤山放鹤亭

为"林和靖"。历史上，由皇帝赐封的隐士，寥若晨星。

多年以后，苏东坡到杭州做官，常常来到林逋墓前祭拜。苏东坡喜欢陶渊明，更被林逋实力圈粉。他常常读林逋的诗，读着读着就入了迷，就连梦里都充满见到偶像的喜悦："先生可是绝俗人，神清骨冷无由俗。我不识君曾梦见，瞳子了然光可烛。"

本来，林逋无妻无子已是公认。却不想后来，杨琏真伽一锄头下去，挖出了个坊间八卦——人们对那支女子所用的玉簪充满了好奇。

林逋在他唯一的一首爱情诗《长相思》中，借女子口吻写道："吴山青，越山青，两岸青山相送迎，谁知离别情？ 君泪盈，妾泪盈，罗带同心结未成。江边潮已平。"明显是爱而未得之后的肺腑心语。将此事与玉簪一联系，好事之人开始不淡定了：莫非，林隐士别有故事？

其实，在此之前，南宋最有文艺范的吃货林洪就曾

爆出猛料，说自己是林逋七世孙，虽被人嘲笑为"瓜皮搭李皮"，是想蹭名人热度，但这件事却从侧面印证了一些人关于林逋曾娶妻生子的猜想。

林逋是否有过婚姻和子嗣，至今没有定论。但因为辐射效应，孤山却因和靖先生而爆红。移步是景、触目成诗的西湖，本就是文人雅士心目中的圣地，如此一来，更是成了"此生必去"的打卡所在。"钱塘之胜在西湖，西湖之奇在孤山。"孤山与西湖，讲不完的故事，说不尽的风雅。

其实，早在林逋隐居之前，孤山就有繁盛的梅花，且岁寒三友"松竹梅"齐聚。林和靖所代表的隐士文化与梅象征的高洁品格相映生辉、叠加放大、相互成就，这对中华传统文化中的经典组合，体现了中国文人独有的精神特质。即使在现代，这样的精神仍为个体修养的必要加持项——超拔脱俗、纯净高远的精神追求，对独立、自由、完整人格的坚守。明代文艺大咖张岱在《林和靖墓柱铭》中写下了"云出无心，谁放林间双鹤；月明有意，即思家上孤梅"的联句，可谓是对林逋隐逸精神的经典诠释。

林逋的人格魅力不但在生前折服了北宋的皇帝，在他去世之后也有着相当大的影响力。南宋绍兴十六年（1146），朝廷在孤山建"四圣延祥观"，需要迁移山中的祠堂和墓地，林逋的铁粉宋高宗下诏，唯林处士墓予以保留。后来，权倾朝野的宰相贾似道还为林逋墓题写了墓石。

元代，林逋墓被杨琏真伽盗挖以后，逐渐荒废。直至元惠宗时期，经儒学提举余谦重修，林逋墓才又成为西湖一景。在重修林逋墓时，余谦在墓地周围又种了百余株梅树，并建了一座"梅亭"。后来，有一位名叫陈子安的杭州人，在孤山放养了一只仙鹤，又在林逋墓前建了一座"鹤亭"，与"梅亭"相呼应。"鹤亭"即为如今"放鹤亭"的前身。

明清两代，李端、林则徐、李铎等人均对林逋墓进行修缮。康熙皇帝南巡来到杭州，还特意找来鲍照的《舞鹤赋》，为放鹤亭题录，又为孤山增添了一丝风雅。

可惜的是，在"清墓运动"中，林逋墓遭到平毁，孤山之美因此减损。但文化的生命力是强大的，历史的潮流无法阻挡。随着"文革"的结束，重修后的林逋墓又出现在孤山。

如今的林和靖墓园，掩映在两棵高入云天的香樟树浓荫之下。梅林中，双鹤雕像和放鹤亭静静伫立，一段青白矮墙迤逦绵延，清风中，似乎听到和靖先生轻吟："又是离歌，一阕长亭暮。王孙去，萋萋无数，南北东西路……"

林和靖墓

沈括墓：走下神坛的"最强大脑"

北宋梦溪园，家暴缝隙中诞生旷世神作

园内花繁叶茂、亭轩错落，一条溪流从丘谷间缓流而出，水声潺潺，飞珠溅玉……

多年前梦中的世外桃源，置身其中时，沈括竟有些不真实感。

从三十多岁开始，他三番五次梦到同一个地方。后来在润州（今镇江）东郊，真的看到了梦中之景，他当即买下了那座园子，取名"梦溪园"。

这是宋元祐四年（1089），九月的阳光带着薄薄的金色，天高云淡，一如沈括此时的心情。

经过随州三年没有自由的生活和秀州三年的半自由生活，朝廷终于准许沈括自由选择居所，沈括当即带着家人奔赴梦溪园。

已过知天命之年，经过政坛上的大起大落，现在无官一身轻的沈括，决定隐居在此，对自己的人生做一下

回望和整理。

每日里，除了与大自然亲近，会九客——琴、棋、禅、墨、丹、茶、吟、谈、酒，写字是沈括最主要的工作。就是在这里，他完成了许多著作，其中《梦溪笔谈》是最重要的一部。

《梦溪笔谈》的构思其实早已开始。于沈括而言，所写的内容不过是过往的总结，他写得很随意。但他不知道，他给后世留下的，是一部多么灿烂辉煌的百科巨著！

沈括一辈子的大多数时间，都在"挑战不可能"。他把他的人生经历和科学实践写进了《梦溪笔谈》中，人们读了这本书才发现，所谓"最强大脑"说的就是沈括这样的人。

除了在世时的主流身份——政治家、军事家、外交家之外，他还是天文学家、地理学家、物理学家、化学家、生物学家、数学家、经济学家、农学家、音乐理论家、书画鉴赏家……

沈括的诗也写得很好，比如这首《开元乐》："按舞骊山影里，回銮渭水光中。玉笛一天明月，翠华满陌东风。"完全一派诗坛大佬的风范。所以，他的名片上，又多了一个"文学家"的头衔。总之，凡是你能想到的"家"，他都当得起。

可是，这样一位千年不遇的跨界通才加奇才，却晚景凄凉，令人唏嘘。

沈括二儿媳之弟朱彧在其著作《萍洲可谈》中写道：有一次，不知为了何事，沈括的第二任妻子张氏撕毁了一部分《梦溪笔谈》的原稿，还当着儿女的面，动手扯下沈括的胡须扔在地上，儿女们哭着捡起胡须，发现上面还带着父亲的血肉。

原来，晚年的沈括一直在忍受着张氏的"家暴"。如果张氏知道她的夫君是一位多么伟大的人物，她当时会不会收回施于沈括的拳脚？那时，她眼中的沈括，大概是世俗眼中的失败老公形象：官场失意，刚刚恢复了自由之身，却又躲在这偏僻之地，整天搞些写写画画的没用玩意儿……

只能说，没有遇到一位三观与其相同的妻子，没能享受到琴瑟和鸣的婚姻生活，是沈括的一大不幸。但是沈括似乎并不恨张氏，他一直逆来顺受，在委曲求全中，在家暴的缝隙里，写着他的书。

沈括墓

有时候，张氏会在暴怒之下撕毁他的作品，他不得不重新写一遍。想想这样的情景，不禁让人倍感辛酸。

有人说，张氏属于攻击型人格，沈括属于依赖型人格。这两人一个愿打一个愿挨，彼此适应，日子也就慢慢过下来了。

后来张氏病逝，所有的人都以为，沈括终于解脱了。可是，没有了妻子施暴，沈括却变得心神不定，整日里恍恍惚惚。据说有一次乘船过扬子江，竟然想要跳江。不到一年，沈括也病逝了。他生来就体弱多病，老年尤甚。

人们不禁猜想，是否曾经不论怎样受虐，沈括仍对妻子心存爱意，无法适应没有她的生活？许多事，都说不清，道不明。一位伟大的天才，就这样从人世间消逝。

身后荣辱谁人知

沈括在生命最后阶段的文字著述中，记载了尹洙临终前对范仲淹所说的话，"死生常理也""亦无鬼神，亦无恐怖"。这样理性达观、唯物科学的生死观，在当时整个世界范围内都属超前。

可悲的是，这样不凡的人物，身后却如此寂寞。沈括逝世后，没有谥号，没有墓志铭，甚至连他的传记，也只是在《宋史》中出现，而且还是附于从侄沈遘之后。

寂寞也还罢了，更惨的是，沈括还背上了"小人"和"腹黑损友"的骂名。

"小人"是王安石骂沈括的话。因为沈括起初支持变法，后来认识到了变法的弊端又表示反对。其实，他并非王安石所说的"墙头草"，只不过真实表达自己对变法的看法罢了。

南宋有个叫王铚的人曾在《元祐补录》里黑沈括，说沈括出卖好朋友，是苏轼"乌台诗案"的始作俑者。近年，有学者考证，沈括与苏轼只是熟人，并非好友，而"乌台诗案"的起因非常复杂，牵扯的东西太多，不能简单地归罪于沈括。退一万步说，苏轼获罪，即使有沈括告密的原因，但也绝不是主要原因。

这两件事，都牵涉到政治。沈括本是个理工男，他擅长求知之术，却不擅长权谋之术；他擅长动用智慧，却不擅长动用心机；他可以参透科学世界中最深奥的秘密，却参不透复杂的人性以及像海一样深不可测的政治。

沈括是一个伟大的天才，但首先他是一个人，像我们每个普通的人一样，有血有肉，也有人性的弱点。也许，他有过动摇、犹豫和自私，但这并不影响他的伟大，更不应成为贬低、否定他的理由。

所幸，沈括最终归葬故里杭州，故乡给予了他应有的尊重和礼遇。

由于时间太过久远，沈括的墓地逐渐湮没在历史的长河中。但杭州人民没有忘记沈括。

1983 年，余杭县（今杭州余杭区）文物部门有关人士通过查阅史料，得知沈括的墓在安溪太平山一带，于是前去勘察寻找。此前，有一位名叫陈荣毛的人，在太平山挖矿时挖出了一块太湖石碑头。现在，听说政府要找沈括墓，陈荣毛就带着余杭县文物部门的工作人员，来到当时他挖出碑头的地方，却不料那片地已被圈进了杭州安康医院院内。后来，勘察人员在院内西北角发现了两尊石翁仲，判断沈括墓就在此处，便开始挖掘。碑头、墓道、墓穴，一一露出。从残存的墓砖来看，确为宋代之物。墓穴中出土了北宋青花瓷碗及熙宁、元丰、元祐年间的钱币，这些墓葬遗物和石翁仲的制式，都与沈括所属的时代相吻合。由此，有关专家确认，这就是沈括墓。

此后，在漫长的岁月中，由于地处医院院内，沈括墓没能获得独立的保护，再次湮没。

2001年初春的一天，丁云川老先生在书中读到一段文字，说沈括墓在余杭安溪镇的太平山上。他立即赶往太平山寻访。

在安康医院，丁云川看到当初发现沈括墓时余杭县所立的"县级文物保护单位沈括墓"石碑，已倒在平房一角，墓道上立着两尊无头石翁仲，墓道尽头的墓穴，已被一堵围墙阻隔在外。

出乎意料的是，在安康医院的传达室里，失望的丁云川竟然奇迹般地遇到了陈荣毛的儿子。通过这位朴实的中年三轮车夫，丁云川找到了陈荣毛。陈荣毛带着丁云川来到安康医院围墙外的山上，在一路泥泞中，穿过丛丛荆棘，终于在一片竹林茶丛中，找到了被野草掩盖的沈括墓。一代科学巨星，墓地竟荒废如此！

丁云川立即通过《杭州日报》的姜青青先生，在报上报道了沈括墓的有关情况。杭州市政府得知此事，极为重视，决定以宋代规制重修沈括墓。

如今，重修后的沈括墓，带着宋朝的气息，背倚太平山而立，长长的墓道两侧，有尊尊石象生守护，显得肃穆而安宁。

沈括，这位被美国科学家李约瑟称为"中国整部科学史上最卓越的人物"，中国古代名副其实的巨星，在天空中有了代号——有一颗小行星被南京紫金山天文台命名为"沈括星"，在大地上，也有了他的位置。

容我们这些后人，去他的墓前，表达我们的崇敬、理解和共情。

孙花翁墓：花翁终伴花长眠

钟声又起，空谷梵音。钟声是从灵隐寺传来的。

孙花翁从窗口向北望去，想象着飞来峰那边的灵隐寺，是否与自己居住的地方有同样的景象。

这里是闻名天下的杭州天竺三寺之一——下天竺寺。孙花翁寄居的这间屋子，处于寺院的办公区。屋里只有一床一桌，笔墨纸砚之外，再加一支笛、一张琴而已。

刚来时，寺里的少年僧人曾问他："你的朋友们都叫你花翁，你真叫这个名字吗？你从哪里来？你的家人呢？"

其实，寺里的人们都对这个老人感到好奇。慢慢地，就有人打听出来了：孙花翁原名叫孙惟信，只不过平生爱花成痴，所以自号花翁。

他是打哪儿来的呢？听说祖籍在河南开封，不过自小随家人住在婺州（今浙江金华），是官三代。年轻时比较叛逆，不要家里世袭的官，抛下娶过门的媳妇，一个人在苏州、杭州漫游。老了，就住到这里来了。

钟磬余音散尽之后，孙花翁听到了卖花姑娘如晨露一般清亮的声音。这声音给寺院沉寂的空间增添了一丝灵动的活力。孙花翁不由思绪翻涌，开始提笔写诗《禅寂之所有卖花声出廊庑间清婉动耳》："曲巷深房忆帝州，卖花庭宇最风流……"

是的，他之所以将余生托付给杭州，是因为这里是"最风流"的"卖花庭宇"。

宋人生活讲究四雅：焚香、点茶、插花、挂画。卖花是杭州一大景致，卖花声是最具文艺范儿的市井声。一年四季，杭州花事不断，繁花如锦，这人间天堂，更是爱花人天堂之中的天堂。

回首前尘往事，孙花翁无怨无悔。抛却官职、金钱、家室、名利，洗去尘俗浮华，他这一生，只不过想自由自在地隐逸江湖，与花共眠。

他想起自己四十九岁生日时所写的词中，有这样的句子："寿花戴了。山童问、华庚多少。待瞒来、又怕旁人笑……百屋堆钱都不要。更不要、衮衣茸纛。但要酒星花星照。鹃笑到老。"

他就是一个诗酒风流、一生只为花低头的天真烂漫的可爱老头儿。不信请看，孙花翁所写的词《烛影摇红》上半阕，就时不时露出"花"的面影："一朵鞓红，宝钗压鬓东风溜。年时也是牡丹时，相见花边酒。初试夹纱半袖。与花枝、盈盈斗秀。对花临景，为景牵情，因花感旧。……"

还有这首《南乡子》："璧月小红楼。听得吹箫忆旧游。霜冷阑干天似水，扬州。薄幸声名总是愁。　　尘暗鹨鹴裘。针线曾劳玉指柔。一梦觉来三十载，休休。空为梅花白了头。"

写这首词时，为花白头的孙花翁，大约想起了家人，想起了曾被自己抛弃的妻子，有怀念和愧疚，但没有悔意。人这一生，总要为自己真真正正地活一回，去做最喜欢做的事——吟诗填词、饮酒赏花。

其实，他已经很久不曾写诗了，因为"江湖诗案"。

宋代的刻书业非常发达，杭州是有名的刻书中心，有很多书坊和书铺，陈起经营的陈宅书籍铺就是其中之一。陈起是一个诗人型书商，他有情怀、有品位，很喜欢江湖诗派的诗。

孙花翁、赵师秀、刘克庄等人，都属于"江湖诗派"，是关系很铁的文友。江湖诗派的诗人们，大多隐逸于江湖，深知底层民众的疾苦，所以诗歌之中多有讽喻之辞。当陈起刊刻的《江湖集》成为畅销书之后，也惹来了大祸——陈起被朝廷流放，刘克庄虽逃过了牢狱之灾，但丢了官。这就是文学史上有名的"江湖诗案"。

"江湖诗案"之后，士人不谈国事，教育后代时也说"不要过问政治"。孙花翁自此不再写诗而改写词，词中所咏，无非风月山水。他的《花翁词》，很有些《花间集》的意味。

靠着刘克庄等文朋诗友的接济，孙花翁的生计得以维持；也因为这些意气相投的哥们儿，孙花翁的隐居生活倒也不算太过寂寞。

在朋友们的印象中，孙花翁风神散逸，颇有些江湖侠气。每每他们在一起雅聚，有人抚琴奏乐时，孙花翁就披散头发，横吹清笛，或者奋袖起舞，慷慨悲歌。这，就是江湖诗人们的生活方式。

在南宋中晚期的文化高压政策下，他们无法用诗歌来刺世救世，一展襟抱，只有用这样的恣意乐舞来宣泄胸中情感，以化解这种集体的悲凉。

这样的隐居生活过了三年之后，孙花翁辞世，刘克庄为他写了墓志铭，朋友们将他安葬在葛岭之下、当时的水仙王庙（嘉泽庙）旁，墓顶用铁浇铸而成，宋代名泉荐菊泉和泉旁的荐菊亭陪伴着他。

至明时，孙花翁墓逐渐湮没无闻。

清光绪年间，著名文人俞樾（号曲园）在杭州游历时，发现了一座古墓，墓顶用铁浇铸而成，他把疑问和好奇

孙花翁墓旧址

写成了诗："古墓竟谁氏？坟前石几留。何年铸顽铁？锢此土馒头。"

当时杭州的大藏书家丁丙读到此诗后，告诉俞樾说，这是孙花翁的墓，俞樾于是写了一篇文章，叫《孙花翁墓记》，丁丙把这篇文字刻成石碑立在墓前。

1929 年，杭州举办第一届西湖博览会时，因拓宽马路而将孙花翁墓上移。1966 年，孙花翁墓被毁。2006 年，丁云川先生在杭州首个"中国文化遗产日"会议上提出了重修孙花翁墓的建议。2007 年，杭州市政府为孙花翁墓重立了碑石。

沿今北山街过三十间楼遗址往西，在北山街 29 号和 30 号之间的花坛里，可以看到这块孙花翁墓碑石。花翁，如愿长眠花丛之中。

鲜于枢墓：
书坛大咖为西溪之美增色

2017 年，西子湖畔发生了一件大事——西泠印社的春季拍卖会上，以 2.1 亿元的高价拍出了一只"史上最贵平底锅"。

"史上最贵平底锅"到底有什么来头？这要从元代书法家鲜于枢说起。

那一日，鲜于枢到手下李顺父家去串门儿，也不知怎么就到了厨房，无意中看到烙饼的平底锅上刻有铭文。喜欢收藏的鲜于枢眼光毒辣，意识到这肯定是件宝贝，当即就掏钱买了下来。

原来，这只"平底锅"是西周的文物兮甲盘，妥妥的珍稀国宝一枚，却被砸掉圈足用来烙饼，它只能表示：宝宝心里苦，但宝宝不说。

曾经做过"平底锅"的兮甲盘重见天日，鲜于枢功不可没。也因此，很多人才将关注的目光投向这位隐没在赵孟頫光环背后的元代书坛大咖。

其实，鲜于枢的书法也非常厉害，连赵孟頫都忍不住疯狂点赞，自叹不如。鲜于枢与赵孟頫并称元代书法"二妙、二杰"，但知名度却远不如赵孟頫这位"书法一哥"，原因在于——性格决定命运。

鲜于枢有着高大魁梧的身形，一脸络腮大胡子，人送雅号"美髯公"。他也有着典型的北方人性格，是个不折不扣的"耿直哥"。

比如说，在职场上，与上司意见不统一时，大多数人都怕得罪上司，不敢明着顶撞。但鲜于枢呢，一言不合，就会怼上去，搞得上司下不来台，他也不管，干脆甩手走人。

正因如此，鲜于枢属于当时官场里的失意者，常常遭贬，一辈子都没当过什么大官，但是百姓却很爱他，称呼他"我鲜于公"。

三十七岁，本是男人建功立业的最好年华，鲜于枢却选择了向后退、向内收——他隐居在杭州西溪一带，开始潜心钻研自己最钟爱的书法艺术，同时读书吟诗、会友调琴。

"风景不殊，溪山信美，处处堪行乐。"烟雨如画的杭州，除却西湖，西溪是另一处自然与人文俱佳之境。芦花飞雪、清波荡漾、橹歌飘摇……

据说，当年宋高宗南逃，曾有意在西溪建王宫，虽没能实现，但一句"西溪且留下"，将西溪推上热搜，成为后世文人名士的又一个梦中天堂。

在西溪的曲歌清溪、烟柳画桥之中，鲜于枢为自己在住所中辟了一间书房，取名"困学斋"。

西溪雪霁

孔子说："生而知之者上也；学而知之者次也；困而学之，又其次也；困而不学，民斯为下矣。"

鲜于枢认为，自己不是天生的智者和一点就透的人，是属于资质平平、有很多不知道的事但肯于学习的人，而世间人大多可归于此类。书房取这样的名字，表明他的谦逊好学之心。

事实上也的确如此。居于如此绝美隐世之地，鲜于枢遍寻名家书帖，细细揣摩，边临习边领悟，书法技艺越发精进。练字时，他用最喜欢的狼毫，悬腕运笔，酣畅淋漓，一挥而就，书如其人，爽健刚直的个性流溢于笔端毫间。

最幸福的事，不只因为做着最喜欢的事，还由于有志同道合的朋友一直陪伴。二十几岁时，鲜于枢就与赵孟頫相识。虽然个性不同，为人处世的理念也有差异，但这并不妨碍他们友谊的小船扬帆远航。

"契合无间言，一见同宿昔。"这对书法界的密友，彼此欣赏，惺惺相惜，在无法见面的日子里，就用书信探讨共同的爱好——书法和收藏。

要是碰巧有机会，赵孟頫就来困学斋看望好哥们儿。有些时候，周密、仇远、邓文原等人也会来。他们在一起谈诗论书，抚琴作歌，这样的雅聚，是清净日子的调剂，隐居时光也因而丰富多彩。

还有些时候，鲜于枢独自一人，在静静的夜里，点燃沉香，摩挲着他收藏的古董，仔细研究那些深埋时光深处的器物上的每一道刻痕、每一丝纹路，将那些残存的款识、铭文一一搜集整理，将一件件沉落在岁月河床之中的宝物一一打捞出世，那种古老而庄严的美感，带给他另一种巨大的快乐。

他挽救的国宝，不止兮甲盘。商父乙鼎、商州师卣、商父辛彝……这些商周时期的青铜器，他替历史珍藏下来，并怀着自豪与欣喜将识得的铭文，一一记录下来。他的文字，被后人辑录为《困学斋杂录》。

岁月不居，时节如流。二十年时光瞬息而逝。转眼，鲜于枢已经五十七岁。他感觉到时间的紧迫，却并不惧怕即将到来的死亡。唯一焦灼和遗憾的，是还有那么多想临的帖，想研究的文物，想写的诗，想会面的朋友……

元大德六年（1302），鲜于枢被授予太常寺典簿之职。但是他已不能赴任，因为病重。不久之后，他就病逝了，葬于西溪老东岳。

鲜于枢走得很平静，那是一种超然和释然。

在一首调寄《满江红》的词中，他写道："……衰老自知来有渐，穷愁谁道寻无迹。笑刘郎、辛苦觅仙方，终无益。　东逝水，西飞日。年易失，时难得。赖此身健在，寸阴须惜。生死百年朝有暮，盛衰一理今犹昔……"

生老病死，如同日有朝暮、木有荣枯，自古如此，无人能逃。所以，不必伤感，不必憾恨，只要认真地活过，为世界留下一些有用的东西，就可以笑着说再见。

鲜于枢给世间留下了大量的书法墨宝、古董文物以及从心底流出的诗文作品。这些，是我国传统文化的珍贵遗产。但他自己，却在历史上被忽略了。因为与政治疏离，《元史》竟然没有关于他的传记。直到清末柯劭忞编《新元史》时，才补上了《鲜于枢传》，但也仅有两百多字。

他的墓地也似乎被岁月遗忘，被历史的尘埃掩埋。但曾经的存在，如果真正有价值，就不会真的消失。

1989 年，杭州一位苗圃工人在位于西溪的杭州老苗圃（今杭州城西森林公园）平整土地、种植树苗时，发现了一座古墓。考古人员经过挖掘，发现墓中的随葬品是一些端砚、笔架、印章、青瓷耳壶等文人常用的器物，经过考证比对，最后认定为鲜于枢墓。

鲜于枢长眠的西溪，是除了西湖之外，杭州又一文人会聚雅集之地。明清无数名人高士来到西溪隐居筑屋。而现在的西溪，美景、格调与浓厚的人文氛围并存。

西溪创意产业园，杭州十大文化产业园之一，被称为中国影视业的"梦工厂"，杨澜、赖声川、潘公凯、刘恒、余华、麦家、朱德庸等众多名人的工作室落户于此。山水杭州，也因此成了中国的创意文化中心。

不知道这一切，是否会让号称"西溪子""西溪翁"的鲜于枢，在西溪的山水掩映之中，发出自豪而欣慰的爽朗笑声？

李渔墓：自由职业者的人生终曲

窗是天然的画框。

何况框里装着西湖，坐卧之间，抬眼便是苏堤春晓、断桥残雪、雷峰夕照……另一边的窗外，钱塘江帆影飘摇，六和塔巍然肃立……

这个园子地处吴山东北麓，在层层山岭之上的半山腰，因而李渔叫它"层园"。兰溪的伊园已成过往，南京的芥子园已然远离，层园是他最后安身立命的所在。

六十九岁的李渔，正在病中。

自从六七年前乔姬与王姬先后染病去世，李渔的健康状况就一路恶化。

两位台柱子兼红颜知己香消玉殒，李氏家班解散，经济滑坡，年事已高的李渔，渐感无力，他不得不收起万丈雄心，将芥子园书铺交给上门女婿沈因伯打理，自己则回到杭州买山建园，说是带儿子回乡参加科考，实际也为一偿"诗骨葬西湖"的夙愿。

两年前，层园还未完全建成，他就率领全家从南京浩浩荡荡地住进来了。

盖房、搬家，哪一件都是劳心费力的事。住进层园，李渔就开始了整日与药罐子相伴的生活。

先是劳累过度病倒，接着是下楼梯踩空伤筋动骨，再是痢疾、疟疾加咳嗽气喘……病魔缠绵不走，他只能终日困守家中，看着窗外的西湖山水，权当观画卧游。

山水，画，都是心头之好……突然，一个念头在李渔心中滋生。

等沈因伯来汇报工作时，李渔问："现在市面上是不是还没有专为入门学画者提供的山水画教材？"沈因伯想了一下，的确如此。

沈因伯知道老丈人又有新创意了。即使老病到了这样的地步，李渔仍然具有独到的眼光和强烈的出版策划意识，捕捉到了一个非常好的选题。

断断续续病了两年多，可李渔一点儿也没闲着。他这一辈子，正应了一句话——生命在于折腾。

自从八岁那年在自家后院的梧桐树上作了第一首诗，似乎就注定他这一生要靠一支笔续命。

四十岁到杭州，疯狂地写，传奇、小说，本本畅销卖座，他从一个落魄文人成功转型为斜杠中年。

为了打击疯狂的盗版，转战南京，在进军出版界和演艺界的同时，他的笔仍然没有停下。他自己写书，自己编辑、出版、销售；他亲自操刀写剧本，自己做导演、培训演员（乔、王二姬是长期御用主角）、带团在全国巡演……

这期间，除了写作大量的小说、剧本，他还写了自己最满意的《闲情偶寄》一书。这本书面世后，人们惊奇地发现，生活原来还可以这样过。

现在，他名义上退了休，但实际上，很多事要他操心，他的笔仍然没有停下。

很快，沈因伯回来反馈消息：他搜集到了家中祖先收藏的明末画家李流芳教学所用的四十三幅山水画稿。

李渔坐在病榻上，一张一张细细翻看。他虽不是画家，却懂画。

看过之后，李渔的意见是：这些画稿比较随意，没有教学上的层次感，不适合作为教材。

过了一阵，沈因伯又来了，满面喜色。原来，他请了画家王安节来对这些画稿进行整理编排，不但调整了次序，而且扩充了内容，还附上了四十幅临摹的古人各式山水画，并分条目加以点评。

李渔看过之后表示，这是一本非常棒的、适合山水画教学的启蒙读物，一定能成为长久流传的奇书。这本书即刻进入编校出版流程。

天气越来越冷，李渔顿觉时间紧迫。一年行将结束，他的身体非但没有好转，反而越来越虚弱了。冬至这天，他强打精神，为那本山水画启蒙教材写了序文，至于书名，还需要好好斟酌。

三天之后，李渔通知沈因伯来取写好的序文，并确定了书名——《芥子园画传》。"芥子园"的品牌效应，或许能为这本书带来好运。

到了十二月，李渔的身体状况越发不好。

一天，沈因伯带来一个好消息，有一部奇书将交由芥子园出版。李渔拿到书稿，激动得手都在颤抖。这部书就是毛声山评注的《三国志演义》。

"毛声山"这三个字让人肃然起敬。这位一生清贫的文人，人到中年，双目失明。听沈因伯说，为《三国志演义》作评时，是毛声山口述，其子毛宗岗记录、整理的。

这让李渔无限感慨。多少文人，一生摆不脱穷困的宿命。但他李渔偏不信这个邪，他要试试，就凭一支生花妙笔，能不能过上理想的生活。

这些年，写畅销书，写爆款剧本，做出版，办剧团，也赚了些钱，但开销也大。不管怎样的境遇，他总不肯敷衍生活，委屈自己。人要过自由、美好、有趣的生活，这是他的信念。细想想，他这一生，所有的奔波辛劳，不过就是为了这个目的。

就像当初回到杭州，明明不是土豪，他还要修层园。实在扛不下去，他第一次开口求资助。他的朋友圈有八百多人，阵容堪称豪华：吴伟业、钱谦益、柳如是、龚鼎孳、吴梅村、"西泠十子"、王士祯，曹雪芹的曾祖父曹玺、祖父曹寅……

朋友们的些许资助，缓了一时之急，但并不能从根本上改变李渔又老又病又穷的人生局面。

怀着对毛声山的尊敬和同病相怜的情谊，李渔强撑病体，用尽全力，写完了毛声山评《三国志演义》的序文。

挨过了春节，到了正月里，家人都盼着李渔能好起来。但李渔自己知道，怕是要让他们失望了。

多年前，他在书中读到一个故事。比他出生早一百多年的康海，在墓园边上建了园子，有人问："天天面对着坟墓，你能快乐吗？"康海回答："天天面对着坟墓，我敢不快乐吗？"

他的人生，早就被拦腰截成两段。前半生，他叫李仙侣，是少年学霸、富二代、一心想凭科举做官的读书人；后半生，他是李渔，是大明的遗民，靠写字谋生的"码字民工"，五十岁才有第一个儿子的"孩奴"，说不清是成功还是失败的创业者……

早在二三十岁，父母离世，明清易代，目睹"三日人头落如雨"的战乱，他就参透了生死。所以，当年归隐兰溪，他把伊园建在了祖坟旁。他以"行乐"为人生格言。人生如梦，生死倏忽，不敢不乐。他这一生，泪中含笑，顺应本心活过，终是无憾。

"生前荣辱谁争得，死后方明过与功。"荣辱功过，任由后人评说，自己，只管归去就好。

清康熙十九年（1680）正月十三，李渔病逝。

他没能看到《芥子园画传》出版和热销的场面，没能看到这部千古奇书，在后世是怎样点燃了一位又一位画坛巨匠的初心。他的第九世嫡孙李长白，成为一代画坛宗师，第十世嫡孙李小白也是著名画家，对他而言，这是否也是个巨大的安慰？

李渔身上的标签多得数不清：专业作家、职业出版人、生活美学家、园林艺术家、设计师、发明家、美食博主、社交达人……总之，他是很多现代青年向往的自由职业者。

他是矛盾的统一体：浪漫又务实，勤奋又淡泊，大俗又大雅。

他的俗，隐匿着生活和人性的真相；他的俗，坦坦荡荡，毫无遮拦。他的雅，真切实在，不是浮在云端的标榜清高，而是扒开生活细密的纹理，于琐屑、苟且的日常中，搜寻、制造美感和趣味。

于他来说，俗是厚重大地，雅是高远云天，俗是遮寒蔽体的衣，雅是领口上簪的花。俗是雅的前提和介质，雅才是主体和目标。

中国文化史上，有许多流量级明星，鲜有如李渔般真实得一如你我：热爱俗世，又向往超脱，从不讳言金钱和欲望，相比于做貌似道德模范的伪君子，他只愿做一个生财有道、热爱人生、有瑕疵而无公害的凡人。

他追求个性解放，注重生活品质，肯定人性的正常需要，勇于创新，敢于质疑，不信鬼神，不迷权威，曾质疑古代正史的真实性和朱熹等大牛的学说……

他总是让人有一种错觉：妥妥的一枚现代人，硬是被造物主超前三四百年制造出来，扔到明末清初的红尘中历劫，仿佛只是为了证明一件事——李渔此人，世间仅此一个，不可复制，仿冒必究。

现代的人，想去祭拜，却找不到李渔的墓地。

当时，李渔去世后，钱塘县令梁允植出资，将他安葬在杭州方家峪外莲花峰，位于九曜山之阳，并立墓碑"湖上笠翁之墓"。

乾隆年间，李渔的侄孙李春芳等人为修族谱寻访到了已损毁的李渔之墓，重修立碑。嘉庆年间，一位名为赵宽夫的孝廉重修李渔墓并立碑。以后，李墓就逐渐湮没无闻了。后世，有许多粉丝前去寻访李渔的墓地，终是无果。

看不见的，不等于没有存在过。爱他的人自有另类的怀念和致敬方式：读着他的文字，按他的指引把每一个平淡日常过成诗，再享受着作为中国人的骄傲——李渔，是硬核世界文化名人，因为他，很多外国人领略到了西湖与中国传统文化之美。

也许，对于不走寻常路的李渔而言，这是他更喜欢的方式。

毛奇龄墓：
安息着不只是"杠精"的灵魂

"竹外桃花三两枝，春江水暖鸭先知"，苏东坡的这两句诗，历来被无数人点赞。可是有一个人却提出了不同意见："春江水暖，明明鹅也可以先知，为什么非要说鸭先知？"

说这话的，是明清之际的一个另类文人、人称"杠精"的毛奇龄。

毛奇龄不但喜欢抬杠，大力发扬"生命不息，抬杠不止"的雄辩精神，脾气还不好，有时候说不过对方辩友，便会"君子动手不动口"，直接上去干架。

这不，告老还乡的毛奇龄又出来搞事情了，画风是这样的——

在当时的杭州西大街（今武林路）街头，总能看到一个老人，拄着拐杖到处溜达，逮住人就问："你家着过火没？"有人会白他一眼，扔下一句"神经病"走开。脾气好的人，会答应一声："着过啊，怎么了？"

老人会紧追着问："着过几次？房子烧坏了没有？

你家住的是什么样的房子？"很多人不愿意搭理他，一边走一边还嘀咕："可怜的老人家，不知受了啥刺激……"

这样的情况持续了好几个月，老人天天如此。越来越多的人禁不住老人的执着，开始配合地认真回答问题，喜得老人胡子都在抖。

这个老人就是毛奇龄。他在做什么呢？答：调查问卷。调查什么呢？答：火灾。

原来，毛奇龄在朝中翰林院任职的时候，曾经见朝廷印过一份《塘报》，上面说杭州是全国火灾最严重的地区。当时他一直纳闷，为啥杭州就这么受火神"垂青"呢？

现在看来，《塘报》所言不虚，杭州的确是个火灾多发地，问了那么多人，居然没有一个人摇头说"我家没有发生过火灾"。

在竹竿巷的简陋房屋里，六十二岁的毛奇龄，有时候窝在书房里翻箱倒柜地查书，有时候坐在桌前奋笔疾书，有时候出门去实地调研。他心中只有一个目标：找到火灾的原因，解除火灾对杭州人民的威胁。

经过长时间的调查访问，毛奇龄得出了结论：问题的根源出在房子的建筑材料上。

杭州城人口密集，房屋大都是竹木结构。有的人家晚上做夜宵，做着做着人犯了困，一不小心就起火了。还有些人家举行大型祭祀仪式，搭着大棚诵经，经棚之间互相连接，一不留神香烛也会引发大范围的火灾。

怎样才能避免火灾的发生？毛奇龄翻遍了家里的藏书，发现历史上论及火灾的书很少，而关于杭州本土火灾防治的著作，更是一本也没有。要不，就专门写一本杭州消防指南？

说干就干。为了保证资料的准确和严谨，他又开始到处走访、调研，在掌握了很多一手资料后，他把这些资料加以消化吸收，再结合手头能找到的所有关于火灾防治方面的书籍文献，开始写作《杭州治火议》。

《杭州治火议》完成时，距毛奇龄第一次在街头做调查问卷，已经过去了将近一年。

书是写成了，但要真正造福杭州，还需要具体实施。毛奇龄又开始了奔波，他拿着书稿，去找当时的杭州地方官。这些官员们也正被杭州火灾搞得头大，一见毛奇龄的书，如获救星。

在书中，毛奇龄不仅精准分析了杭州火灾的原因，还给出了具体的解决办法。他认为要减轻火灾伤害，重在预防。当务之急，是将原来的民居由竹木结构改为砖木结构，一座房子，除了最主要的梁柱用木头外，其余都用砖砌，而且户与户之间要用砖墙相隔，这样万一一家着火，也不至于很快蔓延到邻居家。

他还指出，政府要完善防火法规，建立专业的救火队，把防火列入官员考核的范围……

很快，杭州地方官员采纳了毛奇龄关于"徇火令""撤小屋，涂大屋""断火巷""严火罚"等一整套防火、救火措施和建议。至此，杭州发生火灾的次数越来越少。据史料记载，在乾隆统治的六十年里，杭州只发生过一次较大的火灾。其中，就有毛奇龄的功劳。直到三百多年后的今天，他的《杭州治火议》仍然有很多可供借鉴的价值与意义。

历史上的毛奇龄，因为行为方式、思维方式都有些怪异，因此饱受争议。有人说，毛奇龄太狂，他曾说过这样一句话："元明以来无学人，学人之绝于斯三百年矣。"意思是这三百年来，就没有什么真正称得上有学问的人，口气真是不一般地大。

不过，毛奇龄的狂傲，自有其资本和底气，因为他确确实实是一位大咖：曾在翰林院供职，参与过《明史》的编写，学富五车，简直是一座行走的图书馆，他在诗、文、书法各方面都有很高的造诣，是《四库全书》中个人著作被收录最多的一位。

这样一位奇才，却在晚年甘于默默无闻，深居陋巷潜心著述。对于生死，他看得透彻。七十岁那年，他为自己写了墓志铭，提出死后丧事一切从简。因为早年父亲去世时，他没有在身旁，深为憾恨，所以他早早留下遗嘱，自己去世后，"不冠，不履，不易衣服，不接受吊客"。在崇尚厚葬的古代，毛奇龄这种简约淡泊的薄葬观念，尤为难得。

清康熙五十五年（1716）阳春三月，毛奇龄以九十四岁高寿辞世，葬于故乡萧山。因为薄葬，他的墓地并不显眼，所以在后世渐渐湮没于尘世。但杭州人民永远不会忘记这位性情真率、可敬可爱的"怪"老人。

厉鹗墓："诗"写杭州，山水有韵

清乾隆十五年（1750），江南梅雨时节，细雨侵衣袂，暑热难消，离愁更难消。

扬州，长亭外，马曰琯、马曰璐兄弟正和一众友人送别厉鹗。

名闻天下的"扬州二马"，身为商人，却热爱文艺。藏书、刻书之外，他们还在小玲珑山馆中召集天下名士，切磋诗文，交流唱和，其中就有杭世骏、郑板桥、金农、厉鹗等人。

对于厉鹗这样的贫寒文人来说，小玲珑山馆不仅是文朋诗友们的雅聚之所，也是身心的庇护所。从三十岁开始，厉鹗已经在小玲珑山馆断断续续住了近三十年。

"忽觉归心，一灯摇梦野鸥近。"这是厉鹗所作的词《齐天乐·庚午夏五将归湖上留别韩江吟社诸公》中的句子，真切地描述了他当时的心境——年迈体衰的厉鹗，最终决定辞别小玲珑山馆，还归故里杭州。

光阴飘忽似梦，只听得耳旁林蝉乱噪，愁绪满怀，离杯漫举，二马表明期待重逢的心迹：到秋凉时节，剪灯同听雨。厉鹗笃定回应：弹指清秋，重逢期定准。很快就到秋天了，到时我一定会准时赶来与你们重聚。

杭州的山水映入眼帘，厉鹗心头的离愁淡了一些，随之生出一种温暖和踏实的感觉。

他这一生，未曾踏进官场半步，不喜人际的复杂世故，最爱的无非诗书与自然。

名字看起来酷酷的厉鹗，早年的人生，却几乎全是大写的"丧"：出身贫寒，父亲早逝，差点被哥哥送去当和尚，二十多岁成婚，却娶了个不能生育的悍妻蒋氏……

许是童年的经历留下了心理阴影，厉鹗性情孤僻清冷，只有在文字与自然的涵泳里，他的身心才能得到舒展。

十九岁时，厉鹗写了《游仙百咏》，不久又写了《续游仙百咏》和《再续游仙百咏》。三百首诗，诉说着同一个梦想：他想做一个自在悠游于山水间的诗人。

两次科考失利，远离政治和密集的人群，使得厉鹗一生无法摆脱窘迫的生存困境，但正因如此，他才有充足的时间和自由用一寸寸诗心丈量杭州。而杭州的绝美山水，也回馈厉鹗以无尽的灵感。

厉鹗平生最钟情的是山水，最得意的是写诗。诗中他最喜欢写的是山水诗，而山水诗中写得最多的，是杭州。他描写杭州山水的诗篇，可谓前无古人。

诗里杭州，总是惊眸。

在厉鹗的笔下，杭州，无处不可入诗，无时不可入画，山山水水，四季晨昏，每一处景物，每一个细微之美的变幻，都有着不可言说的魅力。前人没有注意到的美，他捕捉到了；前人写过的景物，他总能翻出新意，有别样的发现。

他写雨后的孤山："林峦幽处好亭台，上下天光雨洗开。小艇净分山影去，生衣凉约树声来。"

他写钱塘江的潮水："城东夜月悬群木，汹汹涛声欲崩屋。披衣起坐心茫然，秋来此声年复年。"

他写晨曦中的西湖："出郭晓色微，临水人意静。水上寒雾生，弥漫与天永。折苇动有声，遥山淡无影。"

他写春月下的西湖："晴湖不如游雨湖，雨湖不如游月湖……水月楼边水月昏，烟水矶头烟水阔。尊前绿暗万垂杨，月痕似酒浮鹅黄。一片蛙声遥鼓吹，四围山影争低昂。"

他写西溪："芦锥几顷界为田，一曲溪流一曲烟。"

他写花坞："白练鸟从深竹飞，春泉净绿上人衣。"

……

他是真的用生命在写诗，写杭州这片生他养他的土地。

有人说，白居易是唐朝的诗魔，厉鹗是清朝的诗魔。

据野史记载，人们常常看到厉鹗走在行人熙攘的大

西溪芦花

道上，一边旁若无人地摇头晃脑，一边嘴里絮絮叨叨地吟咏着诗词。这种行为只能用一个词解释：走火入魔。

回到杭州，厉鹗住在西溪。除第二年去了一趟小玲珑山馆，践行与"二马"的重逢之约外，他就再也没有离开过杭州。

因为年事已高，体弱多病，虽然那些一辈子也看不够的好山好水在等着他，但力不从心，他只好常常困居斗室，写作、读书，回忆一下往事，翻拣一下旧稿，以此来驱散孤独。

无人的静夜里，他常常想起朱满娘。

当年十七岁的她，与四十四岁的他，情定湖州。碧浪湖的秋夜，空气里都流动着蜜。可惜上天只肯给他们七年的幸福，就算他典当了所有，也依旧无法从病魔手中将她解救。"月上"，是他为她取的小名。此名一语成谶，她从此只能在月亮之上，与他遥遥相望。

月上之后，"二马"兄弟又帮他纳过一个妾，但这位刘氏并不像朱满娘，她忍受不了诗人清贫的生活，没过多久就离家出走了。看来，他注定命中无子，孤独至死。

清乾隆十七年（1752），秋天如约而至，厉鹗的生命也像一片枯黄的叶子，在风中摇摇欲坠。

九月十日，汪沆来看望老师厉鹗。从二十二岁开始，厉鹗在汪舍亭家的听雨楼做过几年家庭教师，所幸两位学生汪浦、汪沆都很有出息，后来，汪沆还成了一代名士。

厉鹗将两部书稿交给汪沆，说："我一向做人、作诗都不从流俗，所以也不愿请不懂我的人为我的作品写序。我的诗集和词集，我自己写好了序，交给书商刊刻了，至于这两本小稿，你帮我写个序保存起来吧。"

第二天，厉鹗辞世。

在生命的最后阶段，他笔耕不辍，写下了《樊榭山房集》二十卷，后被收入《四库全书》。因为在诗词上的精深造诣，厉鹗也被称为是继朱彝尊之后浙派词坛的灵魂人物。

友人们闻讯，纷纷写诗文怀念。张世进在《哭樊榭二首》中说"当代风骚手，平生山水心"，可谓对"山水诗人"厉鹗一生最精准的概括。

厉鹗最终长眠于西溪王家坞，因为岁月久远，现在已找不到确切的墓址。这位用生命把杭州写进诗里的文坛大咖，早已与西溪、与杭州的山山水水融为一体。

如今，顺着西溪谷沿山慢行道信步走去，会看到"厉鹗吟咏"的雕塑，只见他身着长衫，手握书卷，正在深情吟哦最爱的诗词。这尊雕塑，也是西溪与杭州文脉延续的一个缩影。

山水人文，最美杭城。空谷幽兰，袅袅清芬。诗心不灭，文脉长存。诗人厉鹗，含笑永宁。

丁丙墓：
诗书与慈悲，是永远的救赎

　　包装纸也可能是无价国宝。你要是不信，请穿越到清同治元年（1862）的杭州，跟随两位年轻人去一探究竟。

　　正是元宵节前夕，西溪留下镇的街道上，逛街的人三五成群，叫卖声此起彼伏，酒家的幌子在风里招摇……

　　街头的人群里，丁丙和哥哥丁申相携而行，他们打算买些香烛作节日祭祖之用。路边一家包子铺里，热气腾腾的包子刚刚出笼，香气飘得满街都是。丁丙上前买了几个包子，正要张开嘴大快朵颐时，突然看见包装纸上有一个鲜红的鸡血印记，这不是乾隆皇帝的御印吗？

　　他连忙摊开整张纸，细细查看，纸页上一行小字让他大吃一惊：钦定四库全书。丁丙赶紧去问包子铺的老板，店老板说，这些纸是从一个挑担卖废纸的人手里买来的。

　　联想到去年初冬太平军打进杭州的事，丁丙意识到，一定是文澜阁被毁，致使《四库全书》流落民间了。

　　乾隆皇帝下令编制的《四库全书》，被称为"东方文化的金字塔"，妥妥的国宝。而杭州文澜阁，是江南三座藏有《四库全书》的著名藏书楼之一。

心急如焚的丁丙，和哥哥商议之后，决定冒险夜探文澜阁。

当夜，月黑风高，丁丙、丁申带着几个人，趁着夜幕掩护，偷偷潜入建在西湖孤山脚下的文澜阁。昔日古色古香、气势非凡的文澜阁已然消失，眼前只是一片断壁残垣，废墟中到处都是残损的书籍和散乱的纸页。

丁丙等人从残砖断瓦中，从泥土灰尘中，小心翼翼地抽出书册和纸张，一一整理好，然后手提肩扛，像愚公移山似的，在夜色的掩护下，回到位于西溪的风木庵。

风木庵是丁氏家族用以停供祖先棺木的祠堂，四周

文澜阁乾隆御碑亭

古木参天，风过时飒然有声。丁丙兄弟俩为避战乱，暂时居住在这里。

这时候，战乱还没有完全平息。从西湖到西溪，十几公里的路程，每隔一段就有太平军设置的关卡，随时都有掉脑袋的可能。但为了这些珍贵的典籍，丁丙已顾不上那么多了。此时，他心中只有一个念头：不惜一切代价，全力抢救《四库全书》！

就这样，每晚往返几十公里，一连熬了不知多少个通宵之后，总算抢救回了八千多册文澜阁残存的书，但还有大部分书册不知去向。丁丙突然来了灵感："收破烂！"丁申一听，立即表示："好主意！"

很快，由丁丙和哥哥组建的"收破烂大军"便开始

行动，他们浩浩荡荡，每日里走街串巷，出重金回收书本和散乱纸页。与此同时，丁丙放出风去，高价回收《四库全书》中散失的残书。

在太平军进驻杭州的日子里，丁丙担心抢救回来的宝贝存放在风木庵有危险，便和哥哥一同将那些珍贵的古籍用船运往上海保存，直到太平军离开杭州，战事平息以后，他们才把这些书运回杭州，存放在府学尊经阁内。

接下来的十几年里，丁丙和丁申从未停止搜救《四库全书》的工作。

清光绪五年（1879）的一天，新任浙江巡抚谭钟麟前来拜访丁丙。在此之前，他就听闻丁丙抢救《四库全书》的事，深为感佩。此番前来，是想与丁丙商议一件大事——重建文澜阁。

丁丙一听，欣喜不已——这也是他多年来的梦想。他当即就画了图样交给谭钟麟审阅，谭钟麟随后就将重建文澜阁的主持重任交给了丁丙。

清光绪七年（1881）十月初六，丁丙站在重建后的文澜阁前，百感交集。丁丙兄弟所抢救回来的《四库全书》和谭钟麟所购赠的《古今图书集成》，连同丁丙从祖传藏书楼八千卷楼中捐赠的一千卷《钦定全唐文》，此刻正在阁内散发幽幽墨香。

因为抢救《四库全书》、重建文澜阁有功，朝廷任命丁丙到江苏做知县。但丁丙没有接受，一来他痴迷诗书，淡泊名利，对做官不感兴趣，二来他还有一件大事要干。

随后，在丁申的协助之下，丁丙又组建了一支抄书团队，成员全是秀才、贡生。丁丙给他们很高的工资，要求只有一个——把字写好，把书抄完整、准确，补全缺失的《四库全书》。

抄书的底本，有一些来自丁家八千卷楼的藏书，有一些是从江浙一带几十家藏书楼中借来的。丁丙还带着抄书团队远赴长沙、广州等地去抄书。

八年之后的清明节，丁丙站在丁申墓前，热泪长流。文澜阁《四库全书》现已补齐三万多册，只剩一千册没有找到底本。只可惜，丁申已于前一年离世，没能看到这一天。

清光绪二十四年（1898），杭州水星阁火药局发生爆炸，当时的丁丙已病势沉重，但他强撑病体，集资救济在这起事故中受灾的家庭——在学者、藏书家、实业家的身份之外，丁丙还是慈善家。

丁丙继承家族经商传统，创办了通益公纱厂、世经丝厂、大纶丝厂，堪称杭州现代丝绸业和纺织业的先驱。但他的生活却完全不像一个大老板：出门喜欢步行，不坐轿子；布衣粗食，写文稿信件时，往往利用废纸……他把经商所赚的钱，全用在了买书、藏书和做慈善上。

清光绪二十五年（1899），六十七岁的丁丙告别了人世，葬于杭州闲林金筑山丁氏祖坟。临终前，他写下遗诗："分应独善心兼善，家守清贫书不贫。"在他心里，诗书与慈善，是值得世代相传的事业。无论世事如何风云变幻，他相信对文化的珍视和对人性的慈悲，是人类永远的救赎之道。

在丁丙的带动下，越来越多的人加入建设"善城杭州"

的行列中来。丁丙，用自己的一腔诗书美意、一颗向善之心，为书香杭州、善城杭州增光添彩，功勋卓著。

如今，丁丙墓已不存。但在丁丙的出生地、杭州下城区的五洋公园内，丁丙和丁申的塑像永远安静地坐在草坪中央。

这两兄弟可曾知道，在他们的感召之下，后世无数仁人志士，开始了抄书接力，最终使现在留存的《四库全书》文澜阁本，比原来的版本更为完整、更有价值。

这是中国乃至世界藏书史上的旷世奇迹。这是杭州的骄傲，也是中国的荣耀。

赵起杲墓：
关于《聊斋志异》的追星往事

在"偶像文化"风靡全球的当下，"追星"似乎成了潮男潮女们永恒的热点话题。

其实追星并不是现代人的专属，古人追星的狂热程度，丝毫不亚于今人。比如说，蒲松龄就有一个粉丝，为了追星，倾家荡产，最后连自己的丧葬费都搭了进去。

这看似"脑残"的行为却赢得了无数人的点赞，原因何在？事情要从清乾隆三十年（1765）说起。

这一年，名人扎堆的严州府（今杭州建德梅城镇）来了个新知府，相当于现在的新任市长。这位知府大人是个豪爽热情的山东汉子，叫赵起杲。这个人不偷懒，不贪财，把严州治理得很好。他最大的爱好是读书，他最喜欢读的书是《聊斋志异》。

当时，这部中国历史上短篇小说的巅峰之作还不像现在这么红，但也收获了一大批忠实读者。蒲松龄是个普通老百姓，又太穷，出不起书，喜欢《聊斋志异》的读者，只能靠流传的手抄本一睹为快。而手抄本有两个最大的缺点：错漏多，内容不够完整。

赵起杲也搜罗到了几部手抄本《聊斋》。他把这几本书放在一起，经过校订后，形成了一部在当时来说最为完善的《聊斋志异》。

赵起杲又一次细品《聊斋志异》时，不禁心中一动：这么好的书，应该让天下所有的人都来读一读，如此，才不至于埋没了蒲先生一番苦心和盖世才华。

他将这个想法说给至交好友鲍廷博听。鲍廷博是杭州有名的藏书家和刻书家，他当即建议赵起杲将《聊斋志异》刻印出来。自古以来，杭州、严州都是刻书重地，资源很丰富，只是刻书耗资巨大，这项支出从哪里来呢？

一番思量之后，赵起杲对鲍廷博说："钱由我来出，只是一些具体事务，恐怕需要你和其他几位朋友帮忙。"鲍廷博表示，完全没问题，必要时，他也会出钱资助。

一项伟大的事业就此开始。很快，刻书团队成员全数到岗：鲍廷博负责考订，余集负责具体的编校工作，赵起杲的四弟赵皋亭和郁佩先从旁协助，陈载周负责刻印。

忙完繁重的公务，身心疲惫的赵起杲牺牲休息的时间，和刻书团队的成员一起，坐在严州府衙后院的青柯亭里，讨论刻书的各种事宜。

青柯亭旁边的参天古木为他们张开青翠的枝叶，洒下一片绿荫；那两棵年代久远的金银双桂绽开黄白两色的花朵，用缕缕清香抚慰他们的辛劳。

忙碌而充实的日子总是过得飞快。转眼，到了第二年的端午节。在那一天，发生了一件激动人心的事——《聊斋志异》首批十二卷本刻印成功了！

手捧散发着新墨香气的书卷，赵起杲热泪长流。这些年来，从搜求书稿到最终刻印成书，其间种种艰辛，若非亲身经历不能体会。所有的一切，如今都在喜悦里得到了消解和报偿。

虽然体力、精力和财物的支出都已达到极限，但赵起杲仍然没有选择停下。十六卷本的《聊斋》还有四卷没有刻完。一定要让这部书完完整整地流传于后世，这是他心里对自己、对蒲松龄的承诺。

只是，生命总是充满突如其来的变数。

十三天之后，五月十八日下午，严州府考正式开始。钟鸣三声之后，早已等候多时的考生相继进入考房。坐在明厅中的赵起杲作为主考官，吩咐属下关门落锁，分发试题。属下领命而去。

等属下来复命时，发现赵起杲歪着头伏倒在几案上，不知何时已停止了呼吸。他的生命，永远定格在了五十二岁。

按照"叶落归根"的传统，去世之人一般都会归葬故里，但赵起杲的家人，此时却连将灵柩运回山东老家的路费也拿不出来。为了刻印《聊斋志异》，赵起杲将所有的积蓄拿了出来，自己的工资也是花得一分不剩，即便如此，资金还是有很大缺口，不得已，他只好把家里值钱的东西拿去典当。

为了追蒲松龄这颗星，他拼尽了所有。

令人欣慰的是，最后的四卷，由鲍廷博和赵皋亭合力刻印完成，《聊斋志异》从此有了完整的刻本。为了纪念赵起杲刻印之功，人们将这部最早的《聊斋志异》刻本称为"青柯亭本"。

青柯亭本，选纸考究，雕工精细，笔画清晰，墨色均匀，内容完整，是后世各种《聊斋》版本的母本。赵起杲这位蒲松龄的铁杆粉丝与自己心仪的偶像，超越时空完成了一次史无前例的隔空互动。

赵起杲最终长眠于严州澄清门外的新安江畔。如今，他的墓地已在岁月的流逝里踪迹杳然，但青柯亭的飞檐仍玲珑地翘伸云天，金银双桂年年散播清芬，它们见证了从蒲松龄到赵起杲，从泰山之麓到钱江之滨，一段珍贵的文化传奇。

"金银双桂舞长空，岁岁新枝念赵公。名著《聊斋》初刻处，清香缕缕万年功。"这首诗其实是在告诉世人：《聊斋志异》是一部两个人用生命成就的书。蒲松龄创造了它，赵起杲让这件传统文化的神奇宝藏在世间得到了生生不息的传承，让这部中国文学史上的名著真正获得了生命力。

"追星"的正确打开方式，就是仰望那些优秀的人，让自己变得更优秀，或者，做能让世界变得更美好的事。

龚自珍墓：落红对春泥的情意

　　终于到家了，龚自珍长松一口气。他拿出一口破竹筐，开始清点满满一筐纸团。不多不少，一共 315 个。每个纸团上，都写着一首诗。

　　这一年是清道光十九年（1839）。四月二十三日，龚自珍辞官离京。他先独自回到江苏昆山羽琌山馆，安顿好一切后，又返回北京接了家人，于十二月二十六日到达羽琌山馆。

　　八个月的时间，九千里旅程，除了沿途用眼睛和心灵摄取美景，不断与知交好友约饭外，凡有所见、所闻、所感、所思，龚自珍便随手用羽毛笔在账簿上写诗，诗写成后揉成纸团扔到破竹筐里。

　　这些诗内容驳杂，有点像发微博或朋友圈，看似淡然随意，却首首都是思想与艺术的精粹。龚自珍将这些诗重新誊抄整理，命名为《己亥杂诗》。

　　以王安石为人生偶像，最高理想是做"名臣、名儒"的龚自珍没有想到，在这个己亥年，自己记录当下、回望人生的大型七绝组诗，会成为后世"网红"。他曾经在《飘零行戏呈二客》一诗中写下了"万一飘零文字海，他生重定定庵诗"，一不小心成了诗人的龚自珍，对自己的诗其实并不满意，还想着，来生再好好琢磨诗这件事吧。

无心插柳柳成荫。龚自珍成了自己最不希望成为的"名士"。这一年，也成了龚自珍专属年。

后世虽荣耀无比，但当时的龚自珍却充满惆怅和失落。他的辞职，多少有些被迫的意味。

因为怼上司，因为写意见书，被罚扣一年工资，再加上顶头上司换成了自己的亲叔叔龚守正，按规矩需要避嫌……表面上，辞职的原因是这些。但实际上，他早已萌生退意。

为了做清代的王安石，龚自珍带着他家学与天赋聚合而成的才华，从十九岁参加科考，一直考到三十八岁，才得了同进士出身，先后任内阁中书、宗人府主事、礼部主客司主事等。

为了自己的理想，他甘愿做着六七品的官，苦苦留守京城。他想，只要还在朝中，总会有希望的。但紫禁城那么近，却又那么远。他那些关于救国改革的理念见解，只能和他的人一样，在主流殿堂之外徘徊、沉没。

或许是太累，或许是因为看不到希望，最终他选择了逃离。

看起来，龚自珍好像真的不问世事了。回到羽琌山馆之后，在江苏、浙江一带漫游，与朋友聚会，成了生活的主要内容。

龚自珍纪念馆内景

随后，龚自珍发现一个奇怪的现象：江南之梅，长相都一个样，梅枝无一例外地弯曲、倾斜、稀疏。原来，因为文人画士喜欢这样的梅花，种梅人为了增加销量，把梅枝用绳子捆缚、牵拉，或者用刀斧砍删，就成了这个样子。

从邓尉山买回来的三百盆梅，也是这样。看着这些被人为干预生长的梅树，龚自珍心疼得流泪，他发誓，一定要疗愈它们。他专门建了一个病梅馆，把这些梅树从盆里移植到土地上，解开束缚它们的绳子，他看见，那些枝条在阳光下喜悦地颤动……

五年之后，它们就会恢复最自然本真的样子了吧？唉，只恨自己不能拯救所有的病梅，就像拯救这个衰世以及所有被压抑、被扭曲了的人！

他把这种心情，写在了《病梅馆记》中。这时，他才发现，那个梦，其实一直不曾离开。

幼年时，黄昏斜阳下，每当听到卖糖人吹起如怨如慕的箫，他的小心脏就感到莫名的悸动，不知道是伤感，还是恐惧。

骨子里，生就一颗柔软箫心，他却一生渴慕救世济民的豪侠剑气。"箫"与"剑"是他诗词里出现最多的意象。这是他的矛盾与苦痛，也是他的迷人之处。

他的个性，率真不羁，却又敏感细腻。"九州生气恃风雷，万马齐喑究可哀。我劝天公重抖擞，不拘一格降人才。"这是剑光。"海棠丝，杨柳丝，小别风丝雨也丝，春愁乱几丝……"这是箫韵。

这样的他，并不适合政治与官场。他不肯迎合，却也无法完全脱离这尘世。

他敏锐地觉察到，如果大清是一艘巨船，那么船体已经有了裂缝，看似风平浪静的水面下暗礁遍布，而远处掠夺者虎视眈眈的目光正隐约闪烁……

他是第一个发现危机的人，但他的呐喊被压制，无法唤醒那些昏睡或装睡的人。"众人皆醉我独醒"，他终于深刻地体会到屈原当年的痛苦。因此，他三次戒诗又破戒，有心向佛却无法彻底放下。

如今，辞了官，远离了京城，他念念不忘的，还是天下苍生和整个大清王朝的命运。

在这样的纠结与折磨中，时光一刻不停，转眼来到了清道光二十一年（1841）。正月里，龚自珍有了新工作，开始在江苏丹阳的云阳书院讲学。日子就在奔波与讲课的间隙中过去。

三月初五，龚自珍七十五岁的父亲龚丽正病逝。龚丽正本在杭州紫阳书院讲学，书院决定由龚自珍接力，兼职在紫阳书院讲学。他开始频繁往来于丹阳、杭州之间。

杭州是龚自珍的故乡。二十一岁时，龚自珍与第一任妻子段美贞新婚旅行时，曾同游杭州。时值初夏，身处人间天堂，西湖的美景加上身旁的佳丽，触动了龚自珍满腔诗情，于是一首绝妙之词横空出世："天风吹我，堕湖山一角，果然清丽。曾是东华生小客，回首苍茫无际……"

一年后，段美贞病逝。他因赴京赶考，没能见她最后一面。又过了一年，他娶了继室何吉云，这位像段美贞一样知书达理的女子一直陪他到最后。

七月里，龚自珍收到江苏巡抚兼好友梁章钜的一封信。梁章钜在信中说，他将于八月一日带兵到上海，去准备与英国军队的战争事宜。

前一年，林则徐在虎门销烟，英国发动了鸦片战争。这次上海之战，至关重要。龚自珍心里的火种瞬间复燃，他立刻给梁章钜写了回信，说自己准备辞去书院讲席的职位，到上海加入章钜的阵营，为抗英出谋划策。

收到信后，梁章钜非常高兴，他为龚自珍准备好了住处，期待着这位得力助手的到来。但梁章钜万万没有想到，他等来的却是一个晴天霹雳的噩耗：道光二十一年（1841）八月十二日辰时，龚自珍得急病去世。

悲伤的，不只是梁章钜。龚自珍的"老铁"、身处扬州的魏源，不敢相信这噩耗是真的。就在不久前，龚自珍还在絜园留宿，给自己的侄子魏彦讲古今人物的故事，还在扇子上题了一首诗。

在遥远的西北大漠，也有一个人，为龚自珍的离开而垂泪。他就是被贬到新疆伊犁的林则徐。清道光十八年（1838），林则徐赴两广禁烟时，龚自珍曾为其送行，还专门写了一份建议书，提出"禁烟一定要坚决""对于买卖鸦片者格杀勿论""吸食者也要处以绞刑"等建议。龚自珍早就预料到了禁烟的后果，因此提醒林则徐做好战争的准备。他还曾想随林则徐一起南下广东禁烟，但未能如愿。

如今，龚自珍的预言变成了现实。抚摸着龚自珍赠给自己的"时晴砚"，林则徐望着茫茫戈壁，湿了眼睛。

令林则徐和魏源愤怒的是，龚自珍离世后，那些被蒙蔽了双眼和心智的人，不去关注他的济世思想，却对他的死因妄加揣测，甚至炮制出了桃色绯闻。在他们心目中，人性的丰富、真实的性情，比不上有些人标榜清高的伪道德。

据史料记载，龚自珍与夫人何吉云合葬于杭州翁家山的龚氏家族墓地中。后来因为抗日战争爆发，龚氏后人流落四方，墓地无人祭扫与管理，致使墓碑被毁。2005 年，来自台湾的林庆彰教授等人，与丁云川先生以及杭州市园林文物局的工作人员，经过一番辛苦的查找与走访，在翁家山村找到了龚自珍的后人龚有瑶，最终在茶树丛中找到了龚氏家族墓地。但哪一座才是龚自珍的墓地呢？终究无法确定。

其实，这并不重要，我们只要知道，龚自珍静静地长眠于杭州这一方山水的怀抱之中，长眠于那一片郁郁葱葱的茶树丛中，就够了。承载着丰富中华传统文化内涵的茶叶，经过滚烫沸水的浸泡，才能释放出清雅香气。而龚自珍反射着民族精神的思想光辉，穿过历史的尘埃，划破曾经的黑暗，对中国近代化起了重要的启蒙作用。这或许是一种天意。

"落红不是无情物，化作春泥更护花。"这是龚自珍在四十八岁那年的暮春时节，辞官南归见到满地落花时所写的诗。而龚自珍自己，何尝不是一朵最深情的落红？

魏源墓：南屏晚钟，骊歌轻唱

清咸丰六年（1856），秋光潋潋，杭州清波门外长桥边，幽静的东园僧舍（位于今南山路96号），在西湖明净眼波的温柔凝视下，在南屏山晚钟的声声轻唱中，迎来了一位特别的主人——时年六十三岁的魏源。

十五年前，魏源在镇江与好友林则徐意外重逢。其时，鸦片战争已于前一年爆发，林则徐因禁烟被革职。林则徐拿出一本自己在广州主持编译的《四洲志》交给魏源说，战争最重要的是知己知彼，要想反转局势，就要先了解敌情，希望魏源能在《四洲志》的基础上，编写一部介绍更多外国情况的书。

几个月前，魏源信心满满地在裕谦营下尽着幕僚的职责，为浙江抗英竭尽所能出谋划策。但朝廷却在战与和之间摇摆不定，结果导致战事失利。悲观失望的魏源于是辞归扬州。

眼前，与林则徐的巧遇让魏源豁然开朗：原来文字也可以救国！从此，他开始埋头写书。

一年多过去了，魏源编写成了十四卷的《圣武记》

魏源雕像

和五十卷的《海国图志》。对当时的国人来说，《海国图志》就像一扇窗，透过窗口，可以看到世界真实的样貌，也可以相对准确地定位自己。

只可惜，窗内的人，很少有人愿意睁开双眼。他们沉浸在"我是世界老大"的自欺欺人的美梦之中，只顾闭目装睡，或者恐惧地关紧大门。

《海国图志》在邻国日本的命运，却全然不同。日本人争相传阅这部具有划时代意义的奇书，明治维新开始快步推进，日本突然间就脱胎换骨了。

《海国图志》没能改变中国的命运，也没有改变魏源的人生。他一如既往地在贫困线上挣扎，仍旧做着幕僚谋生。

从二十一岁起，魏源便随父亲离开故乡湖南邵阳到京城求学。不料，寒窗苦读仿佛没有尽头的长夜，一直到五十二岁，魏源才得赐"同进士出身"。后来也总算当了官——江苏东台知县，七品芝麻官。此后，魏源还当过兴化知县和高邮知州。任高邮知州时，遇太平军起义，有人打小报告说魏源同情太平军，魏源因此被革职。八年的官场生涯，到此结束。

魏源终于醒悟，不管是做幕僚、当官，还是研究学术、写文章，都无法真正实现救世济民的理想。时代就是一座巍峨山丘，小如蝼蚁的个人拼尽全力也无法翻越。从龚自珍到林则徐再到自己，概莫能外。

经过一番纠结与思考，魏源做出了一个重大决定。他把书稿、信件从高邮寄给湘潭的朋友周诒朴，然后到了杭州的东园僧舍。

清道光八年（1828）夏天，三十五岁的魏源来杭州办事，被杭州的绝美山水所深深吸引。后来，在杭州，他通过龚自珍的介绍，认识了佛学文化大师、伊庵居士钱东甫（钱林）。从那时起，杭州、佛法，成了一颗种子，最终长成了一棵垂阴大树，让他在暮年安顿身心。

魏源墓石牌坊

"扫地焚香坐，心与香俱灰。沉沉寥寂中，冥冥花雨来。"正如魏源在《偶拈四首》诗中所写，东园僧舍里的他，心静如水。每日里闭门不出，只潜心佛法。偶尔来到户外，面对着西湖的碧波，再转头看一眼南屏山蓊郁的草木，心便更加纯净、沉静。

与青灯古佛为伴的魏源，真的是万念俱灰、消极遁世吗？不，这只是努力的另外一种方式。

魏源潜心研习的，是"经世佛学"思想。"经世佛学"是将出世佛法改造为救世济世的思想武器，一方面提倡完善自我、参与政事，一方面提倡虔诚修行，构建人间净土。

皈依佛门，不是为了独善其身，而是心心念念之下曲线救国的策略。如此，魏源的灵魂终于得到了平静。而因为这个充满智慧的抉择，他在生命的终点，也达到了常人所不能及的宁静和安详。

清咸丰七年（1857）二月，魏源感觉身体不适，对陪在身边的侄儿魏彦说："我有预感，大概不久于人世。到时候，你不要大声号哭，以免惊扰我，只要安静地等待我气息散尽，简单安葬即可。"

话是这样说，但接下来的日子里，魏源的身体仿佛并无大碍，魏彦也放下心来。

到了二月的最后一天，魏源看起来精神很好，他自己洗了澡，换上了干净的衣服。第二天，是三月初一。有一个叫金安清的人来访，和魏源聊了很久。聊天还没有结束，魏源突然现出倦容，对金安清说："你先休息一下，我要往生了。"说完，他进入佛堂中静坐念佛，没多久就安然而逝。那一夜，南屏山的晚钟声响得格外悠远，那是在为一位远行之人轻唱送别之歌。

对死，魏源不喜不悲，不恐惧；对生，魏源不贪求，不留恋。这是佛法赐予他的力量，也是中国文化和传统中关于死亡的达观与超脱态度。

魏源去世之后，兵部侍郎王茂荫曾上书朝廷要求重印《海国图志》，但没有得到应有的回应。但值得安慰的是，魏源的思想让晚清一些有志之士的心智得到了启蒙，左宗棠、曾国藩发起"洋务运动"就是受了魏源的启发。

魏源离世时，适逢乱世，几个儿子都不在身边，只有侄儿魏彦一直陪伴，因此丧礼也极为简单。后来，杭州两度被太平军占领。清同治三年（1864），魏源的追随者左宗棠攻战杭州后，主持修整了魏源墓。

此后，在漫长的岁月里，魏源墓寂寂无闻。直到2000年，杭州市发起了保护历史文化名人遗存的活动。丁云川先生在《西湖志》上读到记载，说魏源墓在南屏山方家峪（今阔石板路151号后山坡上）。

丁先生前去寻访，找到了魏源的守墓人沈老先生的孙女沈莲娣。那时已经六十多岁的沈莲娣告诉丁先生，说在自己七八岁时，魏源的曾孙女从南京来杭州扫墓，当时爷爷奶奶忙着茶事，就让她陪同带路。沈莲娣记得，自己当时还看到了魏源的墓碑。"清墓运动"中，魏源的墓碑被当地村民拿去当了猪栏石，后不知所踪。

丁先生央求沈莲娣带自己去找魏源墓，走遍荒山，经过仔细辨认，最终锁定了两个墓地，却无法断定哪一个才是魏源墓。

为了不打扰魏源安静的长眠，2004 年，在丁云川先生和杭州市有关部门的努力下，在两个墓地前面立了一块"魏源墓纪念碑"——有了这样不被忘却的纪念，就很好。2016 年，杭州市又重修了魏源墓，并在墓前立起了魏源的塑像。

如今，那个睁眼看世界的第一人，那个用文字叫醒中国的人，终于可以心无挂碍地酣然而眠。西湖用温柔的眼波爱抚着他，南屏山用晚钟声声伴他入梦……

俞曲园墓：此后独将真我在

杭州南高峰以东、西湖以西，有三座山头，统称为"三台山"，从北向南依次称为左台山、中台山和右台山。

清光绪六年（1880），右台山建起了一座特别的建筑——右台仙馆。说它特别，是因为它建在一座新坟旁。时年五十九岁的俞曲园，从此常常住在右台仙馆中，安静地读书写作，只为陪伴一年前去世的妻子姚文玉。

从七八岁订娃娃亲，到二十岁成婚，这对伉俪四十年的婚姻，真正诠释了什么叫琴瑟和鸣。

进入暮年，姚文玉掉了一颗牙，俞曲园就把这颗牙与自己脱落的牙齿埋在一起，取名"双齿冢"。这样的恩爱，不是作秀，而是一往情深的真实表达，爱情和婚姻的美好被俞曲园演绎到了极致。

清光绪五年（1879），徐琪、王梦薇等三十多位俞曲园弟子通过众筹，加上彭玉麟资助，专为俞曲园而建的俞楼落成，杭州又多了一处新地标。

俞曲园感到无比幸福和满足。

俞曲园像

很多年前，俞曲园在进士考试时，以"花落春仍在，天时尚艳阳"的诗句赢得了主考官曾国藩的青睐，被选为第一名。本以为从此会顺风顺水，却不料，仅仅七年之后，任河南学政的俞曲园在为考生出题时，因为不合传统规矩而被人打了小报告，从此结束了仕宦生涯。

后来，苏州小小的曲园成了他的容身之所，本名俞樾的他，便有了另一个广为人知的名号——俞曲园。此后十年，他落流于德清、上虞、上海、北京、绍兴等地。

但俞曲园的才学光芒却无法掩盖。清同治五年（1866），李鸿章请他在苏州紫阳书院讲学。那个春天，也是他生命中的春天。两年后，因为教学成绩出色，杭州的诂经精舍又请他去主持讲学。这一讲，就讲了三十多年。他的课堂常常爆满，他的学生遍及天下。俞楼，就是学生们对这位好老师投桃报李的美意。

除了俞楼落成，还有一件大喜事——彭玉麟的孙女成了俞曲园的孙媳，知交好友成了亲家，真是锦上添花。但在这时候，姚文玉却突然离世。

俞曲园遵照妻子的遗愿，将她安葬在右台山。在她的墓旁，又为自己建了墓穴。两墓紧紧相依，遥望着德清南埭和杭州临平，那是他和她的故乡。

对于俞曲园来说，姚文玉的逝去只是生离死别的开始。其后两年之内，他的大儿子和二女儿相继离世。接下来，又是大女婿、孙媳妇……白发人送黑发人的痛楚，俞曲园尝得太多。但他始终坚强乐观，平静如常地讲学、著书，直到七十九岁高龄，才辞去了教职。

退休后的俞曲园也没有闲着。他有时住在俞楼，有时住在右台仙馆，不管在哪里，他都一直保持着读书、写作的习惯。

碧树环抱中的俞楼

清光绪三十一年（1905），八十四岁的俞曲园听到一个消息：清政府废除了科举制度。与此同时，他的作品全集——近五百卷的《春在堂全书》得以刊印。这让俞曲园百感交集：《春在堂全书》是自己人生的总结，似乎也预示着一个时代的终结。

时光缓慢而又急速地流淌，不觉又过了一年，俞曲园八十五岁了。他没有想到，自己在这个年纪居然还能干一件大事。时任江苏巡抚的陈夔龙重修了寒山寺，看到北宋宰相王珪和明代书法家文徵明所书的《枫桥夜泊》诗碑已残缺不全，便有意请俞曲园再书一块诗碑。

俞曲园不仅是学术大咖，也是一位书法家。对于这个建议，他欣然同意。很快，《枫桥夜泊》诗碑刻成。被唐代诗人张继以一首诗带火的寒山寺，因为俞大师手书的诗碑，又火了一把。

写完《枫桥夜泊》诗碑不久，俞曲园静静地离开了人间。

临终之前，他的神志始终保持着清醒。对于即将到来的死亡，他以一颗从容坦然之心去迎接。他分别给家人、亲友、学生、曲园、俞楼、所读过的书、所著的书、文房四友、这个世界还有自己，各写了一首诗，统称为"留别诗十首"。

在写给自己的诗《别俞樾》里，他说："平生为此一名姓，费尽精神八十年。此后独将真我去，任它磨灭与流传。"这一生，顶着"俞樾"这个姓名，努力地活了八十多年。从此以后，只剩下真正的我，至于这个姓名，不管磨灭还是流传，就任它去吧。这，是一个看淡世事沧桑的智慧老人在生命尽头的通透领悟。

"生无补乎时，死无关乎数，辛辛苦苦，著二百
五十卷书，流播四方，是亦足矣；仰不愧于天，俯不怍
于人，浩浩荡荡，数半生三十多年事，放怀一笑，吾其
归乎。"这是他为自己写的挽联。"生无补乎时"大约
是他对自己没有在仕途上救世济民而流露出的些许遗
憾。这实在是自谦之辞，他教过的学生，他写出的书，
会以另一种方式回馈世界，他应该感到满足和欣慰。这
一生，他经历过无数悲欢，但始终清白坦荡，此生认真
地活过，离开时也就不必柔肠百结，只需放开胸怀大笑
一声，在笑的余音里回归大化。

最终，他躺在了爱妻身旁，陪她到永恒。那副自挽联，
就刻在墓道前牌坊的柱子上。只可惜，岁月的风霜不断
侵蚀，牌坊连同右台仙馆一起被掩埋于尘埃之中。但他
的墓地一直在，1978 年经过重修后，俞曲园墓与墓地
南边重建的右台仙馆，以及西湖边、孤山下变身为"俞
曲园纪念馆"的俞楼，共同见证着一代国学大师的生命
传奇。

俞曲园离世十八年后，二十五岁的俞平伯住进了俞
楼。虽然只有短短九个月，但这段时光却像一个源头，
从俞平伯笔下，源源不断地将大量关于杭州、关于西湖
的文质兼美的诗文引流而出，这是俞平伯对于曾祖父的
另类纪念。

住在杭州期间，俞平伯常常会到俞曲园的墓地前静
静地坐一坐，站一站。这个地方让他心里生出一股宁静
的力量，这是文化传承的力量。后来的俞平伯，接过曾
祖父的接力棒，成为又一位中国文化界的大咖。

当年，俞曲园曾在他与姚文玉的墓地旁，埋下了自
己的 250 卷手稿，题名"书冢"。很多像俞曲园这样的

名人，怀着对中国文化的热爱与对杭州山水的痴迷，让西湖的水波都沾染了墨香，令西湖周边的山野草木都摇曳着诗情，使这片土地保持了穿越时空的强大魅力。

不信，你在俞曲园的墓地前站一站，就会听到杭州这本带着新潮气息的线装古籍，发出哗啦啦的书页翻动声。

赵之谦墓：梦境中盛开着六月雪

清光绪二十八年（1902），杭州迎来了一位异域客人——日本近代篆刻宗师河井荃庐。

在西湖以西丁家山山麓的草丛中，河井荃庐和同伴在细细地搜寻着什么，终于，他们在一个墓地前停了下来，墓碑上写着"赵之谦之墓"。墓前，环绕着一片低矮的树篱，绿色的枝叶间点缀着素净的白色小花，看上去像一片纯洁的雪。

带路的守墓人告诉河井荃庐，这是六月雪。"六月雪，六月雪……"河井荃庐喃喃着。极美的名字，仿佛暗含着与常理对抗的悲伤、幽怨与不屈。难道，这是躺在墓中那位艺术天才一生命运的隐喻？

河井荃庐是赵之谦的铁粉，赵之谦的书，他每晚睡前都要读一遍。想起赵之谦生命最后阶段的遭遇，河井荃庐不禁泪湿眼眶……

清光绪十年（1884）的江西南城（今江西抚州市南城县），风景和现在一样美，但并非鱼米之乡，而是不折不扣的贫困县，连县令办公的官署都窄小破旧。当时

赵之谦小像刻石

的县令赵之谦，每天早晨上班，都要爬上百级台阶，等到达半山腰的办公室，早就累瘫了。每每遇上天气变化或劳累、生气，老病就会发作，哮喘折磨得他想撞墙。

在这个芝麻大小的官位上，尽管办公条件极差，工资也低得可怜，但赵之谦尽职尽责，工作很努力。毕竟，这样的工作，是他梦寐以求的。过去的那些年，他三次进京，用大把大把的时光来准备科举考试，但考了四次，结局都是落榜。

落榜的原因，除了他写的文章不符合八股文的规范之外，还因为他生性耿直，不愿意迎合潜规则，不会钻营搞关系。万般无奈之下，已经四十四岁的赵之谦，只好靠着潘荫祖等友人的资助，花钱买了一顶七品县令的官帽（古时称"捐官"），从此开始了在江西艰苦又卑微的当官生涯。

等真的当上了官，他才发现，有些梦想只是在没有实现的时候才显得美好。

当鄱阳县令时，刚上任十九天，当地就发大水，而鄱阳县甚至连县城和县衙都没有。在奉新任县令时，他的儿子又惹上了一桩命案官司，最好的朋友魏稼孙也在那时病逝……

南城是赵之谦在江西任职的第三个地方。这年他已经五十五岁，在古代算是真正的老年人了。他刚刚有了一个女儿，生活的担子更重，但他却没有喊苦休息的权利，唯一能做的就是死扛。

扛不住时，他对自己说：再坚持一下，等还清债务，就拍桌子辞职。这样的官，他已经当够了。条件差、工资低都在其次，最让他难以接受的，是官场的黑暗。像他这样真正有报国之心、想做些事情却不会溜须拍马的人，处境不是一般的艰难。

赵之谦的骨子里，深藏着天才艺术家的气质——耿介、正直、多情、率性又有些愤世嫉俗。"不俗即仙骨；多情乃佛心"，他为友人书写的这副五言联，仿佛是关于人生的自我告白。他是诗、书、画、印四绝奇才，尤其是篆刻，堪称一代宗师。如果他愿意，用才华换粮食，也未尝不可以，但他坚决不肯。

曾经有上司向他求印，他刻了一方，落款"老子高兴"。上司让他换个落款，他重刻一方印，将落款改成"老子不高兴"。这样任性的下属，哪个上司会喜欢？

用艺术换衣食、谋官位，都是他不愿意做的事。他的一生，总与"贫""病"二字纠缠。实在揭不开锅时，他会卖一些收藏的碑帖和自己的书法、绘画作品，但绝不卖印。刻印是他最珍爱的事业，坚守是他对艺术的深情。

上苍给了他惊世的艺术天分，他却秉持着旧时读书人最传统的执念：考科举，进官场。他认为，只有当上官，才不辜负父母和家族的期望。

但现在，曾不顾一切为之拼搏的理想，有些摇晃。陈氏还在病中。他常常奔波于家与县衙之间，除了忙公务，还要送医问药，操持所有的家事。

这年三月，陈氏病逝，赵之谦感觉天都塌了。有她在，家总还是完整的，再苦再累，他也能撑得下去。现在，他一个半大老头，带着三个孩子，要怎么活下去？

这样生离死别的巨痛，他早在三十四岁那年就尝够了。那时，他在京城为理想、为生计奔波，远在家乡的妻子范氏和两个女儿突然病逝。他悲痛欲绝，刻下"悲庵"印，边款写着"家破人亡，更号作此"，后来又相继刻印"三十四岁家破人亡乃号悲庵"，"我欲不悲伤不得已"，"如今是云散雪消花残月缺"……

之后十几年，他一直孤身一人，不肯续娶。直到四十五岁，在朋友们的催促和资助之下，赵之谦才续弦娶了陈氏。然而她也不能陪他走到最后，剩下的路，注定要一个人走。

再怎么伤心，生活还是要继续，班还是要上，不过却更加辛苦。其时，南方中法战事正处于胶着状态。南城地势险要，是进入福建的咽喉要道，前去救援的各路军队路过，都要在此进行征兵、调用物资等工作。

刚刚经历丧亲之痛的赵之谦，拖着重病的身体，怀着极为悲痛的心情，还要强撑着筹措物资，修城备战。他的身心濒临崩溃的边缘。

夏天将尽，天气转凉，他的哮喘病越来越重，连轻松的呼吸都成了奢望。这是他的家族遗传病，到他，已是第四代。

这一辈子，他承受了太多人世的风霜、心灵的纠结、贫困的碾压，还要常常应对疾病的刁难。他的左耳已经完全听不见了。他觉得自己的身体正像一架快要报废的机器，每一分每一秒都在加速衰朽……

尽管这个世界对他并不友善，但艺术是他唯一的安慰，他的那些金石朋友是他最重要的陪伴。只可惜，至交好友，比如魏稼孙、胡培系、胡澍、江弢叔等人都已先他离世。热爱金石的人，却都不能像金石那样永久地存在。他感觉世界上只剩下自己，孤苦、悲凉，什么也不能做，只能看着生命的光一寸寸消逝。

这年七月，赵之谦离开了这让人又爱又恨的人间。他，终于解脱了。

临终，他还没有停止工作。除了放心不下三个孩子，他还惦记着一件事：欠邵芝岩的毛笔钱。邵芝岩在杭州开笔庄，他所用的毛笔都是在那里定做，笔债总是欠了还，还了又欠，但总是欠的时候多……

邵芝岩是真朋友。当江西和杭州的朋友们集资将赵之谦的灵柩运到杭州准备安葬时，邵芝岩将位于丁家山的一块地赠给好友建墓，好让他在另一个世界里安一个像样的家。

十八年后，曾被赵之谦提携过的中国篆刻界后起之秀吴昌硕，成了名闻天下的大师，他有一个日本学生，名叫河井仙郎，字荃庐，是赵之谦的狂热追慕者。

在赵之谦墓地看到的六月雪中的一枝，被河井荃庐带回日本，后来分株送给了弟子西川宁、松尾谦三等人。西川宁又分株给弟子青山杉雨、小林斗盦；松尾谦三分株给松丸东鱼，松丸东鱼又分株送给关正人……

河井荃庐去世后，他的墓前也开着六月雪。

象征着纯美梦境的六月雪，正像赵之谦的艺术灵魂，不但将清芬播散在中国大地，还飘出了国门……艺术没有国界，赵之谦的天才成就，最终与全世界共享。

此后，时光漫漫，赵之谦的墓地，在岁月里沉寂。

20 世纪 70 年代和 90 年代，赵之谦的孙子赵昌受、曾孙女赵激以及各界热心人士，先后在丁家山附近寻找赵之谦墓址，并向杭州市相关领导提议修复原墓。

最终，在大家的共同努力之下，赵之谦墓被找到，不过原墓址上已修了路。1999 年，杭州市园林文物局在原墓址的附近，树起了一块"赵之谦墓址纪念碑"，代表世人向这位天才大师致以敬意和怀念。

赵之谦是被旧时代放逐的天才。或许，被放逐常常是艺术天才的共同命运。天才为俗世所不容，因为天才的某些特质常常与当前的现实逆向而行。天才的本质是一块美玉，在现实中属于稀缺品，也是易碎品。只有在艺术纯粹的梦境中，天才的灵魂才能尽情绽放，一如那些在赵之谦墓前年年盛开的六月雪……

第三章

英雄忠烈

岳飞墓：青山有幸，白铁无辜

除夕之夜，一个小人物干了件大事

南宋绍兴十一年（1141）的除夕之夜，杭州城却没有一点过年的气氛，没有欢声和笑语，只有沉重的悲戚。因为就在这一天，岳飞在大理寺被害。同一天，岳飞的长子岳云、部下张宪也遇害。

大理寺监狱，一个人影在黑暗中悄然行进。他叫隗顺，是一名狱卒。

岳飞被害时，隗顺在一旁眼睁睁地看着，却无可奈何。他明白，岳飞一生忠心为国，赤诚之心足以照亮日月，可上苍如此不公。当时，极度的悲愤让隗顺几乎要狂奔过去夺下屠刀，但他明白，那样做是愚蠢的，非但救不了岳飞，自己也必死无疑。那么，还是想想在力所能及的范围内，为他做点什么吧。

当天晚上，吃过年夜饭，隗顺瞒着家人潜入大理寺监狱。

监狱里静悄悄的，只有几位值班的狱卒。隗顺拿出带来的酒菜，邀请大家喝一杯。趁他们喝得东倒西歪、烂醉如泥之际，他快步走向一处墙角。那里，草草掩埋着岳飞的遗体。

为了不伤害岳飞的遗体，也不弄出声响，隗顺决定用手挖开泥土。幸亏是白天刚刚盖的土，比较松软，所以挖起来不是非常困难，但这也让他的双手磨出了血。

终于，隗顺的手触到了岳飞的身体。他轻轻地、像怀抱熟睡的婴儿一样，抱起岳飞，放在一旁。岳飞的身体仍然柔软，仿佛热血仍在奔涌。这为大宋王朝奔涌了三十九年、一腔精忠报国的热血，最后一滴，却没能洒在战场上。

隗顺抑制住狂跳的心，用颤抖的双手将泥土恢复原样。然后，轻轻背起岳飞，快步消失在夜色里。

人们都在家里过年，路上几乎没有行人。隗顺稍稍放了心，他顺利地带着岳飞，出了钱塘门，一路向北，来到了九曲丛祠附近的山上。他找了一处僻静的所在，让英雄在这里安宁长眠。

在让岳飞的遗体入土之前，隗顺从怀中掏出一个玉环戴在岳飞手上。这是岳飞的心爱之物，是岳飞的爱妻李娃所赠。当时在清点岳飞的遗物时，隗顺趁人不备，偷偷收藏了。他又拿出一个刻有"大理寺"字样的铅筒放在岳飞身旁。

之所以这样做，是因为他坚信，天理昭昭，终会还人公道。等到冤案平反的那一天，人们可以凭借这玉环和铅筒，找到岳飞。

丹心碧血牌坊

　　坟内的记号有了，坟外也得有个记号才行。隗顺看到旁边有野生的橘树，就挖了两棵一样高低、一样粗细的小橘树苗，种在坟前，然后他长长地跪了下去，拜了三拜，迅速离开。

　　此后，像什么也没有发生过一样，隗顺照常做他的狱卒。宋高宗和秦桧等人不会想到，一个小人物，也有不能被权势征服的心，也有正义和热血，也有改变历史的力量。

　　隗顺安然活到了老，临终前，他向儿子吐露了那个秘密，并且告诫说："千万要守着这个秘密，任何人都不能告诉，直到为岳爷平反的那一天。如果到你临死的时候，冤案还没有平反，就把它传给你的儿子，就这样一代代传下去，相信总会有那一天的……"

　　二十年的光阴，于历史不过一瞬。南宋绍兴三十二年（1162）七月，宋孝宗为岳飞平了反。那个代际接力的秘密，终于可以说出来了。在隗顺后人的指引下，朝廷顺利找到了岳飞的遗骨，以隆重的礼仪迁葬于杭州西子湖畔的栖霞岭下。朝廷还下诏，改赐智果寺为岳坟的功德坟寺，并赐额"褒忠衍福禅寺"。

南宋景定四年至咸淳三年（1263—1267），朝廷重建了褒忠衍福禅寺，新修的寺院共有二十四间屋子，其中有过廊、僧舍、神祠各四间，穿堂一所，另外还有专供岳飞后人上坟时休憩的所在。岳坟岳庙自此浑然一体，成为西子湖畔一个象征着忠义与爱国精神的鲜明符号，成为杭州一道特别的人文景观。

岳云、张宪、牛皋，也葬在离岳飞墓不远处。

小人物隗顺，在九泉之下，终于可以安心了。

扎心了，屈辱的铁

南宋灭亡之后，岳坟岳庙一同被废。到了元朝，岳飞的六世孙岳士迪为岳飞重修了墓庙。明景泰、天顺年间，杭州府同知马伟用自己的俸禄重修了岳墓、岳庙，并向朝廷奏请春秋二祭。

清朝建立后，很多官员并没有遵从朝廷"祀关羽不祀岳飞"的要求，仍与岳飞后人一起合力修葺岳坟岳庙。其中最著名的是一位名叫李铎的杭州知府，他为岳飞、于谦同时修复了墓庙，并且在岳飞和于谦的墓地前，修了"忠泉"井。其后，浙江总督李卫重修岳坟岳庙，也在史上留下重要一笔。

虽说清廷不提倡祭祀岳飞，但乾隆皇帝是个例外。他来杭州时，曾去栖霞岭祭拜过岳飞，还写下了一篇短文和一首七言诗。

太平军攻进杭州之时，岳坟岳庙遭到破坏。战后，当时的浙江布政使、曾国藩的同乡蒋益澧主持重修了岳坟岳庙。1918 年至 1921 年，浙江两任督军杨善德、卢永祥接力对岳坟岳庙进行了为期三年的大型修缮。1933 年，张载阳、杜月笙等人再次对岳坟岳庙进行了一次大规划的重修，并增建了两座轩亭，用于陈列岳飞遗墨拓片及相关碑帖。

自此，岳飞庙墓成为西湖一处人文圣地。慕名来寻西湖之美的人，必要去岳飞墓前拜谒祭悼。可惜的是，1966 年，"文革"之风刮起，岳坟岳庙也在这场风暴中消失了。

"文革"结束后，1978 年，浙江省、杭州市有关部门专门成立了岳飞墓庙维修领导小组，一年后，修复后的岳坟岳庙，再次在世人崇敬的眼光中，屹立在西子湖畔，作为杭州西湖文化景观的忠孝文化代表性史迹，岳坟岳庙成为世界遗产西湖的重要组成部分。

岳墓栖霞

如今，在西湖北山路栖霞岭下的岳飞墓前，可以看到有四座跪着的铁人像。当时，岳飞迁葬到此处时，并没有这些铁人像。明朝正德年间，浙江指挥使李隆祭拜岳飞后，愤激于冤案主要制造者的罪恶，就在岳飞墓前铸造了冤案总导演秦桧、秦桧之妻王氏、冤案执行者万俟卨的跪式铜像。后来，因为太痛恨这三个人，人们将三座人像打碎了。

时间来到了明万历年间，浙江按察司副使范涞祭拜岳飞后，在墓前用生铁重新铸造了秦桧等三人的跪像，并且还加了一个人——张俊。张俊本是与岳飞、韩世忠齐名的抗金名将，但他为私利作假证告黑状，也是谋害岳飞的主要人物之一。

以上铸像的事，被明代文学家张岱用文字记录下来。张岱还写有《岳王坟》一诗："西泠烟雨岳王宫，鬼气阴森碧树丛。函谷金人长堕泪，昭陵石马自嘶风。半天雷电金牌冷，一族风波夜壑红。泥塑岳侯铁铸桧，只令千载骂奸雄。"另外，张岱还写有《岳坟柱铭》："呼天悲铁像，此冤未雪，常闻石马哭昭陵。拓地饮黄龙，厥志当酬，尚见泥兵湿蒋庙。"这些文字，代表了后世文人的共同心声，力挺岳飞，鞭笞秦桧之流，已是社会共识。

清代初期，杭州地方官在岳飞墓前又增铸了一个铁人罗汝辑的跪像——罗汝辑也曾参与谋害岳飞。到了清末，罗汝辑的跪像突然消失了。人们猜测是罗的后人将之移除了。如此一来，岳飞墓前又只剩下了四个跪着的铁人像。

在"文化大革命"中，铁人像被卖入废品店，下落不明。现在的四座铁人像，为后来重塑。铁像后面的楹联"青

跪在岳坟前的铁人像

山有幸埋忠骨；白铁无辜铸佞臣"，表明了世人对于忠奸善恶的鲜明态度。

如果物也有感知，那些铁也必定有着满满的耻辱感。不过，它们的存在也从反面证明了一句话："正义可能会迟到，但永远不会缺席。"

其实，每个有良知的中国普通民众，都暗藏一颗火红的爱国之心，因为他们深深明白：国亡，家不存。爱国，不是空洞的词语，而关乎我们每个人、每个家切实的快乐与幸福，存在与自由。

于谦墓：那一股清流仍在

一场蛰伏已久的复仇

明天顺元年（1457），正月二十三日，北京城的寒风中，已隐隐有了春天的消息。

牢门打开，刺眼的阳光让于谦不由地眯起了眼睛。多日来身处幽暗的牢房，他似乎有些不习惯光明了。

他戴着沉重的手铐和脚镣，一步一步在阳光里走着。他什么也不想，只尽情地享受着这样的好风日。他知道，这是他最后一次见到阳光了。

于谦大踏步地走向崇文门外的刑场。那里，刽子手已经准备好，利刃闪着寒光。四周很静，只有风声和于谦脚镣的撞击声。人群中，他看到了徐有贞、石亨和曹吉祥的面孔。

徐有贞们以为，在这样的时刻，于谦或许会用目光杀死自己，但出乎意料的是，于谦看向他们的目光，异常平静，如视无物。他们在这样的目光下无地自容，不由全都低下了头。

于忠肃公祠

明正统十四年（1449），徐有贞曾领略过于谦目光的威力。

当年，明朝与蒙古因为贸易摩擦而开战。靠自宫手术博取上位的王振，怀着横刀立马的英雄梦想，忽悠着对自己无比信赖、和自己怀着同样梦想的明英宗朱祁镇御驾亲征，结果带去的几十万大军在土木堡被蒙古人打得溃不成军，王振被砸破脑袋当场身亡，英宗成了俘虏。这就是历史上著名的"土木堡之变"。

此后，蒙古军队首领也先带着人马到了北京城外，大明危在旦夕。代理皇帝朱祁钰主持了一次会议，有一位名叫徐珵的大臣建议南迁，被当时统领兵部的于谦一顿臭骂。

因为于谦的坚持，那些原本心里想着逃跑的大臣们，纷纷站到了主战派的阵营里，朱祁钰正式继位，是为明代宗。后来，大明王朝在于谦的引领下，居然奇迹般地取得了北京保卫战的胜利，将也先赶回了蒙古草原。

力挽狂澜的于谦，维护了国家的统一，迎来了人生中的高光时刻，却也惹下了大祸。那个因于谦怒斥而遭人唾弃的"徐珵"，改名为"徐有贞"，在新朝廷里蛰伏。

七年之后，朱祁钰病重，徐有贞与石亨、曹吉祥抱团发动了"夺门之变"，将明英宗朱祁镇从南宫中放出，重登帝位。

随后，徐有贞和石亨、曹吉祥联手，制造了岳飞之后历史上又一桩千古冤案——在朱祁镇面前大进谗言，说于谦有谋反之心，原本朱祁镇就对于谦当初拥立朱祁钰耿耿于怀，他想的只是自己的皇位，而于谦心中装的是整个国家，这样一来，朱祁镇最终决定杀掉于谦。徐有贞的复仇计划终于实现了。

平反昭雪，归葬杭州

离刑场越来越近，于谦想到，当年岳飞临死前，是不是也和自己怀着同样的心情？愤怒、悲哀、绝望到了极点，反而变得平静。

于谦不怕死，只是对人性感到深深地失望。

于谦想起年少时的自己，也曾是个"追星男孩"，文天祥是他最崇拜、最热爱的明星。房间里挂着文天祥的画像，文天祥的诗句是他的每日必读。从那时起，他就立志长大后要成为文天祥一样的人。

为什么自己不愿做岳飞的粉丝呢？心底里，于谦也问过自己。认真想一想，答案是：他不想像岳飞一样死在同僚的刀下，而要像文天祥一样死在杀敌的战场上。

来不及想更多，于谦感觉到，冰冷的刀锋已逼近了颈间。

"千锤万击出深山，烈火焚烧若等闲。粉骨碎身全不怕，要留清白在人间。"像他诗中所写的石灰一样，于谦在世间留下光耀千古的清白。

当年岳飞被害后，施全决心为岳飞报仇，他蛰伏九年，最终找到一个时机刺杀秦桧，但可惜没有成功，被凌迟处死。

于谦被害后，朝中也有一个像施全一样的人，想要为于谦报仇，他就是李贤。李贤决定采取和施全不一样的行动。他不动声色地周旋于朝堂之间，和徐有贞、石亨等人搞好表面关系，博取他们的信任与好感，同时，他也从他们身上学习那些整人的手段，准备以其人之道，还治其人之身。

机会终于来了。把于谦扳倒了的"黑手党三人组"，因为内部各怀鬼胎而产生了窝里斗。李贤巧妙利用他们之间的矛盾，各个击破。随着徐有贞被发配云南，石亨和曹吉祥也被朝廷处死。李贤终于为于谦讨回了公道。

据于谦儿子于冕在有关文字中记载，于谦死后，都督同知陈逵深感于谦忠义廉洁，便秘密派人收殓了于谦的骸骨，葬在城西一处隐秘之地。几年后，明宪宗继位，为于谦平了反，于冕托义兄找到陈逵，随后于谦的养子于康将养父灵柩送回杭州，于谦最终被安葬在故里杭州西湖之南的三台山山麓。

明宪宗的儿子明孝宗继位后，特意在于谦墓前建了祠堂。后来的明神宗，更是尊崇于谦，他在祭文中用"赤手扶天，不及介推之禄；丹心炳日，宁甘武穆之冤"来点赞于谦。

到了清代，康熙皇帝曾亲自到于谦墓前祭祀。杭州知府李铎修复了岳飞的墓庙之后，又对于谦的墓祠进行了大力修缮。其后的李卫，也对于谦墓祠进行了重修。

太平军攻破杭州之后，于谦墓祠被毁。战后，杭州人丁丙在当地政府官员的支持下，对于谦墓祠进行了重修。

新中国建立初期，于谦墓地的牌坊、墓碑和石象生等已遭到了破坏。1962年，于谦墓依照清光绪年间的旧貌得到了修整，不但墓门、牌坊、墓亭焕然一新，

于谦墓

墓道两旁还栽种了花木。

在"清墓运动"和"文化大革命"中，于谦墓遭到毁坏，墓前仅残存碑座、供桌、石马等物，所幸墓穴得以保全，墓穴中的重要历史文物未遭破坏。

1982 年，杭州市政府对于谦墓祠进行了修复。重修后的于谦墓墓碑，由著名书法家沙孟海执笔，上书"大明少保兼兵部尚书赠太傅谥忠肃于公墓"。

1998 年 5 月 13 日，于谦诞生 600 周年纪念日，杭州市各界人士在于谦墓前举行了盛大的公祭仪式。从此，于谦墓祠正式对外开放。

于谦，被誉为"官场清流"。西子湖畔，那股清流仍在缓缓流淌，并将永不停息。

张苍水墓：
大明王朝的最后一口呼吸

笑吟绝命诗

清康熙三年（1664）七月的一天，浙江南田悬岙岛上，树木掩映的小路上，一队清兵在一个农夫模样的人的带领下，悄悄向一座民宅进发。

这是一个孤悬海中的荒岛，几乎与世隔绝，岛上人烟稀少，这一行潜入者很顺利地来到了那座民宅前。

清兵全副武装，"砰"的一声撞开门，看见屋里一个四十多岁的男子，身着明朝衣冠，正坐在桌前写字。

为首的清兵喝道："你可是张苍水？"

张苍水缓缓起身，目光沉静，朗声道："不错，正是本人。"他说着，看了一眼那个农夫模样的人。他知道，就是这个人出卖了他。

这么多年来，张苍水一直固执地相信，当年崇祯皇帝在煤山并没有为大明画下最终的句号，江南还有南明，大明仍有希望。

张苍水墓道

这么多年来，他一直在为光复大明做着努力。然而，纵有万丈雄心，无奈孤掌难鸣。

自鲁王朱以海病逝后，三渡闽江、四渡长江，为抗清复明出生入死、转战千里的张苍水，自知大势已去，但仍不肯放弃。他遣散部下，带着参军罗子木、侍童杨冠玉和一个船夫，来到南田这个叫悬岙的岛上隐居，以图东山再起。

然而，事到如今，落入清军之手，他自知难有生还的希望。

七月二十三日，张苍水被押解到宁波提督府，提督以上宾之礼相待，百般劝说张苍水投降，回应他的只有沉默和轻蔑的目光。

八月，张苍水被押解到杭州，关入武林监狱。他在监狱墙壁上题写了《放歌》一诗："予生则中华兮死则大明，寸丹为重兮七尺为轻。予之浩气兮化为雷霆，予之精魂兮变为日星。尚足留纲常于万祀兮，垂节义于千龄。"

杭州总督也用尽各种方法劝降，张苍水的回答就两个字："绝不！"早在十年前，清廷就曾胁迫张苍水的父亲写信劝降，但张苍水丝毫不为所动。

这二十年来，张苍水这个名字，一直是清廷的噩梦。只要他在，明朝就还有气息。如今这个倔强的人宁死也不归降，唯一能让康熙皇帝安心的，只有让他死。

九月初七，张苍水被押解至弼教坊刑场。路旁挤满了观望的民众，上了年纪的人，看着那个在囚车中衣着另类的囚徒，百感交集。

清王朝入主中原已经二十多年，却还有一个人，始终穿着明朝的衣服，没有剃发留辫，坚守着大明的最后一丝尊严。

走在初秋清爽的风中，张苍水看见不远处，群山绵

张苍水墓

延出一条温柔优雅的曲线，山色如黛，杭州果然美得如诗如画。他含笑赞叹道："好山色！"随后吟出一首《绝命诗》："我年适五九，偏逢九月七。大厦已不支，成仁万事毕。"

一般来说，古代死囚在被斩首时，都要跪下受刑。但张苍水拒绝在清人面前下跪。他的凛然正气，连监斩官也被镇住了。最终，他巍然而坐，泰然受刑。大明王朝的最后一口呼吸，就此停止。

霎时间，刚才还一派晴明的天空，突然下起了大雨。数万杭州民众的泪水，与雨水混合在一起，为英雄送行。

王先生之墓与章太炎之墓

张苍水就义后不久，有人发现，在西湖南屏山荔枝峰下，多了一座新坟。这座坟看起来和任何一位普通老百姓的坟没有什么区别，简单的圆顶土丘，像一个大大的馒头。奇怪的是，墓碑上没有名字，只写着"王先生之墓"。

这大概是一个孤苦伶仃的流浪者，死后被好心人埋葬在此吧。人们心想。

几年之后，这座"王先生之墓"已经被荒草掩盖。

一天黄昏时分，一个人来到荔枝峰下，在这荒僻的山岭间徘徊寻觅，最终，他眼睛一亮，拨开齐人高的草丛，"王先生之墓"的墓碑露了出来。这个人抚摸着墓碑，珠泪潸然。他就是大名鼎鼎的学者黄宗羲。

黄宗羲回到家，仍然心潮难平，于是写下《寻张司马墓》一诗："草荒树密路三叉，下马来寻日色斜。顽石呜呼都作字，冬青憔悴未开花。夜台不敢留真姓，萍梗还来醉晚鸦。牡蛎滩头当日客，茫然隔世数年华。"

黄宗羲寻到的，明明是"王先生之墓"，为什么诗的题目叫《寻张司马墓》？他又为什么在墓前落泪？

原来，张苍水死后，因为他的夫人和儿子均已被杀害，没有人替他收尸。他的同乡石和尚冒着生命危险收敛了英雄遗骨，暂时安放在宝石山僧舍。随后，在纪五昌、万斯大等同乡和杭州义士张仲嘉等人的资助下，才在荔枝峰下为张苍水修了一座简单的坟，墓碑不敢公开，就写了"王先生之墓"。

黄宗羲早年曾与张苍水一同在浙东抗清，清廷占领江南后，黄宗羲坚持不出仕，他和张苍水一样，为明朝做着最后的坚守。当他看到昔日战友的墓地，竟然只能假借"王先生"之名立碑时，不禁感慨万千，悲从中来。

张苍水被押解到杭州时，曾写下一首《入武林》诗："国亡家破欲何之？西子湖头有我师。日月双悬于氏墓，乾坤半壁岳家祠。惭将赤手分三席，敢为丹心借一枝。他日素车东浙路，怒涛岂必属鸱夷！"表达了他对岳飞、于谦两位偶像的景仰之情，同时也希望死后能与他们葬在一起。在另外一首《忆西湖》诗里，张苍水写道："梦里相逢西子湖，谁知梦醒却模糊。高坟武穆连忠肃，添得新祠一座无。"表达的是同样的心情和愿望。

基于此，纪五昌、万斯大等人特意将张苍水安葬在了西子湖畔，与岳飞、于谦两墓遥遥相望。人们称这三位爱国英雄为"西湖三杰"。在这三杰之中，张苍水最为低调，但他却在二百多年后，成了另一位大人物的精神偶像。这位大人物，就是民国时期的文化大家、革命

张苍水先生祠

家章太炎。

　　章太炎对清廷的黑暗统治极度不满，于清光绪二十三年（1897）在杭州发起了"兴浙会"，尊崇刘基、于谦、黄宗羲、张苍水、王守仁为先贤楷模，这是反清的先声。后章太炎成立光复会，加入同盟会，直至民国建立，他一直在为中华民族的革命事业奔走，直到生命最后一刻。

　　章太炎生前的愿望，是长眠在张苍水墓侧。他最终如愿以偿。章太炎夫人汤国梨写诗道："南屏山下旧祠堂，郁郁佳城草木香。异代萧条同此志，相逢应共说兴亡。"

　　章太炎和张苍水身处不同时代，然而面对同样黑暗的现实，他们有着共同的情怀——那就是对这个国家的热爱，对光明的追求，对理想的坚守。这样的精神链条，让他们有了紧密的联结。在另一个世界里相逢的他们，应该会成为最好的朋友，相互间一起谈论那些兴亡更替的往事，缅怀曾经逝去的过往吧？

清乾隆初年，清政府的统治已然稳固，对于明朝旧臣也终于不再强势压迫。杭州一位名叫吴乾阳的道士，筹资重修张苍水墓，"王先生之墓"的墓碑已完成了使命，张苍水终于有了自己正大光明的墓碑。

乾隆四十一年（1776），清高宗命人整理"前朝殉节诸臣"名录，其中就有张苍水。清廷追谥张苍水为"忠烈"，且将牌位列入"祀忠义祠"。

现在我们能看到的张苍水墓为清咸丰八年（1858）慈溪人潘珪重立，其西侧为参军罗子木墓，东侧为侍童杨冠玉及船夫墓。这三个人，与张苍水一同被捕杀。据说当时杨冠玉年纪太小，可以不判死刑，但杨冠玉却坚持要以死明志，誓与张苍水共赴大义。

是怎样的一种精神光芒，不但能够穿越时空，影响后世仁人志士，而且还能够照亮一颗未及成年的稚子之心？

葛云飞墓：英灵站成的不倒丰碑

清道光二十一年（1841）10月1日晚，浙江定海竹山门。

四个黑衣人在暗中悄无声息地行进，很快到达一处石崖下。石崖下站着一个人，一手挂刀，像山一样挺立着。

走近细看，眼前的景象让人不忍直视：

这人显然早已停止了呼吸，半边脸血肉模糊，另半边脸上，仅有的那只眼睛炯炯有神地圆睁着，似有无尽悲愤欲喷泄而出。

再向下看，身上至少有四十处伤口，有的伤口还在渗血，铠甲全染成了红色，脚下的血迹形成一条小溪的模样，在地面上蜿蜒开去。

为首的黑衣人快步上前，语声哽咽地拜倒在地："葛大人，恕徐保来迟！现在，请您随我回家吧！"

说着，徐保拦腰抱住葛云飞的遗体，想将他平放在地。可是，已经故去的葛云飞却纹丝不动。其他三个人赶来帮忙，也仍是挪他不动。

徐保想了想，再度下拜："葛大人，请您放心，我一定像您一样，为抗英流尽最后一滴血！我想，所有有血性的中国人，都会这么做！"

说也奇怪，这番话之后，徐保上前再抱，葛云飞的遗体靠在他身上，软软地倒了下来。

次日，徐保来到总管浙江军务的朝廷命官裕谦驻扎的镇海营帐前求见。

裕谦也正在痛心之中。昨日一战，晓峰岭、竹山门、定海土城相继失守，浙江的海上门户定海沦陷，三位总兵郑国鸿、王锡朋、葛云飞全部壮烈殉国。

自从上个月 26 日，英军自鸦片战争发动以来第二次攻打定海，他就预感到此战的重要，也曾向朝廷奏请不要裁军减饷，但遭到训斥。所以，当后来战事吃紧，三位总兵在与英军苦战六天六夜，因敌我力量过于悬殊而力感不支请求增援时，他表示爱莫能助。兵力实在有限，镇海也需要守卫。

其实，裕谦再明白不过，凭三位总兵的神勇和忠义，如果朝廷增派足够的援军，定海应该能保住。可是现在，说什么都晚了。

徐保这个人，他听说过，是民间抗英组织黑水党的首领。裕谦一向主张与英军对抗，因此爽快同意接见徐保。

徐保看起来有些疲惫，眼睛血红。他大踏步走进来，朗声说道："裕大人，葛大人的遗体，我昨天夜里找回来了，准备送回大人的老家萧山。我请求大人上书，由朝廷出面安葬葛大人！"

不等裕谦回答，徐保突然流下了热泪，声音颤抖地说："你知道葛大人是怎么死的吗？我听一位幸存的士兵说，英军昨天趁大雾强行登陆，连夺晓峰岭、竹山门之后，直扑定海土城而来。当时葛大人身边只有二百来人，他亲自开动大炮向敌人猛轰，可是英军实在是太多了，他们像潮水一样涌了上来。葛大人拔出大刀与敌人拼杀，砍死了不知多少英兵，到最后大刀砍断了，他就拿出自己的'昭勇''成忠'两把佩刀，这是葛大人心爱的宝刀，他为此还写了一首《宝刀歌》：'快逾风，亮夺雪，恨斩佞人头，渴饮仇人血。有时上马杀贼贼胆裂，灭此朝食气烈烈。吁嗟乎，男儿自处一片心肠热！'这些滚烫的字句，多么像岳飞的《满江红》！而葛大人，分明就是另一个岳飞啊……"

裕谦静静地听着，感动与愧疚在心中交杂。徐保喘了一口气，平静了一下情绪继续说："最后关头，葛大人满身是伤，浑身是血，就连被敌人劈去了半张脸，只剩下一只眼睛，他也不肯停止战斗，而是忍着剧痛一路杀出二里地，直冲到竹山门石崖下，准备登崖夺回阵地，但不幸被背后飞来的炮弹击中……他是手握钢刀，站着死去的！"

"不要再说了！"裕谦眼眶湿热，站起身来，"我这就写奏章！"

如果说鸦片战争带给中国人的是深重的耻辱，葛云飞带给中国人的，是那个时代稀有的骄傲之一。

定海之战，是鸦片战争中战斗时间最长、战斗最为激烈、中国人抵抗最为顽强的战役之一，而葛云飞是定海之战中最为悲壮的英雄，没有之一。

这位出身于下层军官家庭的将军，自幼文武兼修，后为实现报国之志弃文从武，从武秀才、武举人、武进士，一直做到最后的定海镇总兵，相当于军区司令员。草根出身的他，凭借自身的努力，一步步成为自己想成为的人。

早些年，他就立下报国之志，悉心研究历代名将修身、治军、作战的经验，从两汉至明末的名将中精选十一位，将他们的事迹撰写成《名将录》，以他们为偶像激励自己。

当鸦片战争爆发，定海第二次遭遇英军进攻时，葛云飞正因父丧丁忧在家，未待守孝期满，便临危受命，走上了定海战场。

"文臣不爱钱，武将不惜死，天下太平矣！"这句岳飞说过的话，成了葛云飞永久铭记的人生金句，他以生命来践行。

最终，如徐保所愿，尽管清政府昏庸无能，但也不得不为葛云飞的爱国精神所动，将英雄隆重安葬于他的故里。

今天，在萧山进化镇，循着清澈流淌的进化溪，走进葛氏家族聚居的山头埠村（今称云飞村），可以看见村口高高耸立的"葛云飞故里表"和"壮节"亭，壮节亭内的对联"报国渺身家，守土卫民扬武烈；褒忠绵俎豆，流风遗爱此瞻依"正是葛云飞爱国精神的真实写照。

走进村中，葛云飞故居、浙江省重点文物保护单位"宫保第"、由葛云飞少年时读过书的葛家祠堂改建成的葛云飞纪念馆，一一向世人展现一个曾在历史时空中鲜活存在过的英雄生命的历程。

而离村不远的石板山南麓，便是葛云飞的长眠之地。一座石砌的古墓，在葳蕤草木中显得那样安静祥和。墓碑碑额"忠荩可风"四字为咸丰皇帝御笔亲题，是对在天英灵的告慰。

草木香气中，轻风送来云飞小学琅琅书声，似乎在与葛云飞的诗句"生机三径草，风味半床书"遥相应和。

英雄虽死犹生。这盛世中华，不会忘记每一位为她抛洒过热血的忠烈之士。

徐锡麟墓：英雄的安息几多不易

清光绪三十三年（1907）五月二十六日，安徽安庆府，巡警学堂正在举办学员毕业典礼。

安徽巡抚恩铭和一众官员在主席台上就座，巡警学堂会办徐锡麟带领学员们排着整齐的队列入场之后，向主席台方向齐刷刷敬了一个英姿飒爽的军礼。

徐锡麟像

　　恩铭心情不错，脸含微笑，全然没有注意到坐在最外侧的两个官员正在窃窃私语。

　　片刻之后，那两位官员中的一人脸色一变，扫了台下的徐锡麟一眼，快步向恩铭走去。

　　徐锡麟抢先一步走到恩铭面前，大声说："大人小心，今日有革命党要闹事！"

　　几乎与此同时，一颗炸弹向恩铭飞来，但并没有爆炸。刚缓过一口气来的恩铭，旋即被眼前的一切惊呆了，他不敢相信自己的眼睛：只见自己一向信任器重的部下徐锡麟，弯腰从皮靴里掏出两把手枪，对着自己双枪齐射。

　　看来，老师俞廉三举荐来的这个"富二代"徐锡麟，真是反清革命党人的"卧底"。当初有人提醒过，恩铭总不信。他很赏识这个做事努力、精明干练的年轻人，很快就提拔他当了巡警学堂会办，负责训练和管理学员。

　　中枪的恩铭满身是血，倒在地上。这时，从徐锡麟身后，又冲出两个人——陈伯平和马宗汉，对着恩铭掏枪就射。

　　然而，身中七枪的恩铭还没有死。他手下的官员和亲兵们乱作一团，有的急急忙忙抬着恩铭去抢救，有的自顾自逃命，现场一片混乱。

　　徐锡麟看着躺在担架上气息奄奄的恩铭，心中掠过一丝不忍。平心而论，恩铭这个官不算坏，对他也有知遇之恩，但是为了起义大局，他只有狠下心来。

　　此前，徐锡麟和秋瑾约定同时于五月二十八日发动浙江、安徽两地的起义。徐锡麟的计划是，在巡警学堂的毕业典礼上刺杀恩铭，造成局势混乱。届时，再由他带领那些被策反了的巡警学堂学员和城外岳王会兄弟带领的新军，里应外合，先占领安庆军械所，进而占领安庆城和整个安徽省。

原本起义条件并不成熟，但因光复会中出现了叛徒，徐锡麟决定加快起义进程。

五月二十五日，徐锡麟去送请帖，邀恩铭参加三天后举行的巡警学堂毕业典礼。谁知恩铭却说二十八日当天有个朋友的母亲过八十大寿，他要前去贺寿，所以就把典礼改在了二十六日。

比原定计划提前了整整两天，徐锡麟心里有些忐忑，准备似乎还不够充分，但恩铭的决定他无法改变，只有见机行事了。

所以在典礼开始时，他看到有两个人盯着自己悄声商量着什么，担心起义计划暴露，就决定先下手为强，那一声"大人小心，今日有革命党要闹事"，是他和陈伯平、马宗汉约定好的暗号。陈伯平就是在听到这句话后，向恩铭扔了一颗炸弹，只可惜没有炸响。

徐锡麟摇摇头，努力镇定心神，暂时将恩铭的生死放在一边。他跳上主席台，对台下的学员们大喊："我是革命党人，现在恩铭已死，愿意革命的，操起家伙跟我走！"

这些学员中的大多数人，平时已经被徐锡麟灌输了很多革命观念，此时纷纷响应，站到了徐锡麟身后。

徐锡麟和陈伯平、马宗汉带着这些热血沸腾的学员，浩浩荡荡地向安庆军械所进发。可当他们冲进军械所后，才发现武器全被转移到了地下仓库，被一扇钢板大门保护了起来。

负责打探消息的学员报告：安庆城门已封，大批清军正向军械所方向赶来。

这意味着作为外援的城外新军已经无法入城，为今之计，只有决一死战！

很快，围剿的清军来了。徐锡麟领导的起义军虽然武器和人数都处劣势，但凭着顽强的意志力，硬是与敌人苦战了四个小时。最终，起义军全军覆没——学员们非死即伤，陈伯平中弹牺牲，徐锡麟与马宗汉等二十几人被捕。

在审讯中，徐锡麟说："所有的事情，都由我一人承担，你们不要冤杀那些无辜的学生。"他挥笔写下了抒发平生志向的《绝命词》。

徐锡麟墓

在为供词拍所附的照片时，徐锡麟对摄像师说："刚才那一张照片不好，我没有笑容，怎么能让后世人看呢？再拍一张吧！"

此时，徐锡麟已然明白，恩铭抢救无效死亡，自己即将遭受斩首剖心的残忍杀害，但他仍平静地给世界留下了最后一个淡淡的微笑。

五月二十七日凌晨，安庆城下起了大暴雨，似乎老天也在为义士落泪。巡抚衙门东辕门外的刑场上，一代英豪徐锡麟从容就义。他留给世界的最后一句话是："功名富贵，非所快意，今日得此，死且不悔！"

他出身绍兴名门望族，想要功名富贵，是很容易的事。但这偏偏是他最不看重的。他用短短三十五年的生命，致力于推翻清政府的黑暗统治，还中国以光明。这样死去，令世人痛惋，徐锡麟自己却无憾无恨，正如他生前在一首诗中所写的"只解沙场为国死，何须马革裹尸还"。

徐锡麟就义后，最初被浅埋在安庆百花亭旁，后移葬马山。恩铭的家人和部下，将徐锡麟斩首剖心还不足以泄愤，他们四处寻找徐锡麟的墓地，企图掘墓毁尸。

那些因参加起义被捕后又被释放的巡警学堂的学员们，成立了一个秘密组织"竹林会"，继续进行革命活动。为了保护英雄之墓，他们将徐锡麟的墓弄平，上面铺上一层草皮，然后将附近的一些老坟培上新土，以此迷惑掘墓者，让他们弄不清究竟哪一个是徐锡麟墓而迟迟无法下手。住在周围的老百姓们也非常给力，他们冒着生命危险，与前来寻墓掘墓的人进行严正交涉。最终，英雄遗骨得以保全。

徐锡麟的遗物，也有人保存。这个人就是当时审讯徐锡麟的冯煦，原来任安徽布政使，后来接替恩铭任安徽巡抚。冯煦内心深处对徐锡麟极为敬重，但身为清廷命官，他无法扭转大局去救徐锡麟的命，只能想方设法在另外一些事情上尽心尽力，以减轻愧疚感。

本来恩铭的家属要求"活剖徐心"，是冯煦从中周旋，才让英雄免受此惨绝人寰的酷刑。那些被俘的巡警学员，也是冯煦想办法释放的。

徐锡麟牺牲后，冯煦暗中将烈士的血衣、刀剑、手枪等遗物，存放在安庆大观亭内的望华楼中。望华楼实际成了一座秘密的徐锡麟纪念馆，后来黄兴还来此凭吊。

1912 年，辛亥革命已然成功，徐锡麟四弟徐锡骥奉浙江都督蒋尊簋之命，将徐锡麟的遗骨迁葬到了杭州西湖边的孤山南麓，让他与同为革命牺牲的秋瑾同眠一片湖山。

在安庆移灵时，举行了庄严肃穆的仪式。由徐锡麟的学生、前巡警学堂的学员，将英雄的遗骨取出放入新棺，停灵在安庆门外同善堂。时任安徽都督的孙毓筠担任主祭人，前巡警学堂学生凌孔彰向公众讲述了徐锡麟烈士的英雄事迹。

在孤山安葬时，蔡元培、汤寿潜两位文化大家为徐锡麟写了墓表，孙中山为徐锡麟写了挽联"丹心一点祭余肉；白骨三年死后香"。跟随徐锡麟出生入死的两位战友马宗汉和陈伯平，分别长眠于徐锡麟左右。

岁月风云变幻，徐锡麟墓也几经沧桑。1964 年，本为浙江省重点文物保护单位的徐锡麟墓被迁往鸡笼山。"文化大革命"期间，徐锡麟墓遭到破坏，墓碑被毁。

徐锡麟墓道

1981 年，辛亥革命 70 周年之时，徐锡麟墓再次被迁到杭州西南凤篁岭南天竺原来演福寺所在的地方，马宗汉和陈伯平的墓仍然伴其左右。

徐锡麟的孙子徐乃达在《我所知道的祖父徐锡麟》一文中写道，1989 年，自己曾陪同父母来杭州祭奠祖父，当他看到八十多岁的父亲在祖父的墓前跪地磕头时，百感交集。父亲去世后，徐乃达和家人常居上海，他眼见着中国一天天强大，欣慰之余在心里对祖父说：您没能看到的盛世，由我来替您见证！

如若徐锡麟英灵有知，听到这句话，定会露出宽慰满足的笑容。

陶成章墓：
阴谋暗杀遮不住正义之光

1912 年 1 月 15 日，上海《民立报》爆出了一则重磅新闻：陶成章昨夜被刺杀！

这条新闻迅速成为最热点话题，人们纷纷议论：陶成章是光复会创始人，又是辛亥革命元勋，现在民国临时政府成立才刚刚两周，杀他的会是什么人呢？

《民立报》在报道中还原了陶成章遇刺的经过：1 月 14 日凌晨两点，两个神秘的黑衣人悄然来到位于上海金神父路的广慈医院。值班门卫拦住他们，其中一人说，他们是光复会的人，有要事找陶成章先生商议。

困倦的门卫懒得细细盘问，就放他们上了楼。两人很快来到二楼陶成章的病房。为了确认是陶成章本人，一人上前去推了推病床上睡着的人，轻声唤道："陶先生，陶先生……"

陶成章从睡梦中睁开眼睛，还未看清来人的模样，头部和腹部便各挨了一枪，当场死亡。这两位神秘黑衣人消失在茫茫夜色之中……

孙中山闻讯深感痛惜，命令一定要追查真凶，悬赏金额一度高达三千银元，但因为线索极少，那两位神秘刺客仿佛人间蒸发了，使得追凶之路迷雾重重。

3月，报纸又爆出一则新闻：一个叫王竹卿的光复会叛徒，在浙江嘉兴的一片竹林里被杀。王竹卿是否与陶成章的死有关系？光复会的会员们经过调查，发现王竹卿曾多次给陶成章的死对头陈其美提供情报，而陈其美派来与王竹卿接头的人，叫蒋介石。

令人奇怪的是，在王竹卿死后不久，蒋介石突然辞去了沪军第五团团长的职务，去日本留学了。再回过头来看蒋介石在陶成章出事以前的行踪，就更让人觉得可疑。

在陶成章遇刺前两天，蒋介石曾经以商讨北伐事宜为借口突然前来拜访陶成章，后又花言巧语骗取了陶成章的住址，还进一步探到了陶成章最近住在广慈医院的消息。

陶成章像

1月13日，蒋介石先给陶成章写了一封信，以试探陶是否真的住在广慈医院。几个小时之后，蒋介石又亲自来到广慈医院，借探望好友曹慕管之机，打探陶成章病房的确切位置。

十几个小时之后，陶成章被刺杀而死。

按理说，蒋介石与陶成章原本素不相识，又无私人恩怨，他没有理由去刺杀陶成章。但他们有一个共同的交集——陈其美。陈其美是蒋介石义结金兰的大哥，是陶成章在政治上的死对头。

原来，当时二十六岁的蒋介石只是一个无名小弟，他知道陈其美一直想除掉陶成章，于是自告奋勇为大哥解忧，在王竹卿的帮助下，他顺利接近了陶成章，并很快实施了暗杀计划。

刺杀陶成章成功，蒋介石为陈其美除去了眼中钉，自此更得赏识。

一年后，蒋介石在日本第一次见到了孙中山，并深得孙中山的赏识。自此，蒋介石平步青云，一步步实现着自己不断加码的政治野心。

虽然现在，我们可以明确就是蒋介石刺杀了陶成章，因为蒋介石的自述文章和其学生为蒋所作传记中的相关内容，就是间接的证据。但在当年，因为种种原因，陶成章之死成了一个悬案，辛亥革命的元勋陶成章就那样不明不白地死了，不禁令人感慨万千。

靠陶成章之死博取上位的蒋介石，不但隐藏了自己的凶手身份，还利用一切机会抹黑陶成章，把自己说成是正义的化身。但天理昭昭，公道自在人心，比如一个叫孙晓云的女子，就用自己的爱情和终生幸福作赌注，证明了陶成章是多么值得世人敬重，革命的力量是怎样地难以抵挡。

原来，在蒋介石刺杀陶成章之前，陈其美曾派孙晓云到陶成章身边做卧底。随着对陶成章的了解逐渐加深，孙晓云发现，陶成章并不像陈其美所说，是"革命的败类"。相反，他才是一个真正的革命家。即便家底深厚，他生活也非常简朴，一心扑在革命事业上。孙晓云为陶成章的人格魅力所深深折服，最后竟然爱上了他。她向陶成章坦白了一切，陶成章也对这个心怀正义的女子心生好感，两人最终结为夫妻。

派去的内奸居然反水，剧情瞬间大逆转，这让陈其美无比抓狂，这才有了后来痛下决心，授意蒋介石去刺杀陶成章的举动。

杀掉陶成章后，陈其美还要斩草除根，他派人到处寻找当时已怀有身孕的孙晓云。所幸陶成章生前已察觉危险，曾告诉孙晓云不要夜晚来医院探望，这才让孙晓云免遭毒手。孙晓云强忍悲痛，在光复会成员的帮助下东躲西藏，一年曾四次搬家，终于保住了孩子的性命，为革命先烈留下了延续后世的血脉。

陶成章没能亲眼见证孩子的出生，被杀时，他还不满三十五岁。作为革命元勋，陶成章一生以"排满反清"为己任，为了革命，他学习催眠术、试制炸药，终至为革命献出自己年轻而宝贵的生命。

1912 年 1 月 21 日，在陶成章的家乡绍兴，举行了陶成章追悼会，同时追悼的还有同为绍兴人的烈士徐锡

1月30日，在杭州昭庆寺举行了纪念陶成章的追悼会，到会各界人士达一万多人，南京、嘉兴、南洋等地都陆续举行了纪念陶成章的活动。光复会还在西湖专门建立了纪念陶成章的祠堂。

在绍兴追悼会后第二天，陶成章的灵柩由上海绍兴会馆的停灵处护送到杭州，暂厝杭州绍兴会馆。这一年7月，陶成章被安葬于西湖之滨，具体位置在西泠桥西的凤林寺前，岳坟街以南。两侧陪伴陶成章长眠在此的，是他的两位革命战友，为革命制造炸弹而身亡的杨哲商、沈由智烈士。

和徐锡麟的墓一样，陶成章的墓也曾遭损毁。

1964年，本已被列为浙江省级重点文物保护单位的

一梦归去向天堂
H A N G
Z H O U

陶成章等人墓

陶成章墓，在"清墓运动"中被迁到了鸡笼山马岭坡的偏僻山坳中。"文化大革命"中，陶成章墓被毁。

如今，我们在杭州凤篁岭南天竺看到的陶成章墓，是1981年重建的。党和国家还给陶成章的孙子陶永铭颁发了革命烈士证书。

把一生都献给了革命的陶成章，血没有白流。

林寒碧墓：革命伴侣终相守

1947 年，六十三岁的徐蕴华在病中读林寒碧的遗诗，心潮难平，遂写诗寄怀："一读遗诗一惘然，吉光只剩此残编。秦徐翰墨联佳偶，欧柳文章正少年。国恨家仇叹未复，茶倾笺满忆从前。纵观世界吾无惧，已近光明欲曙天。"

彼时，距林寒碧逝去已有三十一年。已过花甲之年的徐蕴华，脑海里仍然不断涌现着西子湖畔与林寒碧初相见时的鲜活画面。

清光绪三十四年（1908），尚在日本留学的林寒碧回国参加秋瑾的葬礼，与秋瑾的挚友徐自华、徐蕴华姐妹相识。

在徐蕴华眼里，林寒碧温文尔雅，谈吐不凡，是颜值与才华兼具的翩翩佳公子。而正值妙龄的徐蕴华，在林寒碧看来，是腹有诗书气自华的才女佳人。两人一见倾心。西湖的水光山色，见证了世间最美的相遇。

第二年 5 月 2 日，二十五岁的徐蕴华与二十三岁的林寒碧，由陈去病做媒，在上海张园举行了婚礼。婚后，他们双双加入了新成立的南社。

这一对佳偶，堪比李清照与赵明诚。

林寒碧原名林昶，自小饱读诗书，被称为"神童"。他的别字"寒碧"是从李白的《菩萨蛮》词句"平林漠漠烟如织，寒山一带伤心碧"脱胎而来。林寒碧十七岁留学日本，后一直追随孙中山投身革命。徐蕴华九岁开始写诗，后通过姐姐徐自华结识了秋瑾，成为光复会、同盟会成员，是秋瑾的铁杆闺密、忠实弟子。

有着共同的革命志向和文艺情结，林寒碧和徐蕴华的结合，可以说是爱情与婚姻中的"小概率事件"，几近完美。

但是，"世间好物不坚牢，彩云易散琉璃脆"，结婚仅仅七年，这对相爱至深的人，却要面对天人永隔的悲惨命运。

1916 年 8 月 7 日，暮色四合，徐蕴华带着两个女儿，在上海家中等着林寒碧从报馆下班回来。

结婚这些年来，他们夫妇俩全身心地投入革命，终于迎来了曙光。辛亥革命成功后，林寒碧被选聘为宋教仁的秘书兼众议院秘书。1913 年，宋教仁被袁世凯暗杀。悲愤的林寒碧以笔为剑，在报刊上公开发文讨伐袁世凯，遭到袁世凯的迫害，他不得不带着妻子徐蕴华到北京、沈阳等地避祸。

所幸袁世凯很快倒台，林寒碧夫妇才得以回到上海。林寒碧担任了《时事新报》的主编，而徐蕴华则仍回以前任教的女校教书。

时间一分一秒地过去，林寒碧还没有回来。在这之前，林寒碧曾打电话给妻子，说他下班后要去赴朋友梁启超之约。

等待中的徐蕴华坐立不安，她心中闪过一丝不祥的预感，但很快又安慰自己：也许这两人谈得太投入，忘了时间，说不定过一会儿，他就会像往常那样，笑眯眯地走进家门。

然而，现实却是如此残酷。不多时，噩耗传来：林寒碧从报馆出来，准备赶赴梁启超的约会，走到静安寺路马霍路口时，被英国人克明的汽车撞成重伤，最终抢救无效去世。

三十岁，正当男人最好的年华，林寒碧却离去得那样仓促，甚至来不及向爱人告别。

徐蕴华悲痛欲绝。如果不是两个女儿，她会随他而去。

1920 年，徐蕴华将林寒碧安葬在西子湖畔，那是他们爱情开始的地方。抚摸着墓碑上那个亲切的名字，徐蕴华在心里对林寒碧说：等着我。

四十二年之后，七十九岁的徐蕴华在上海去世。遗憾的是，她没能如愿葬在林寒碧的身旁，而是长眠在了上海的一处公墓。

2004 年，林寒碧和徐蕴华的小女儿林北丽，已到了垂暮之年。一天，身在上海的林北丽收到了一封寄自杭州的信，写信人是丁云川。

1964 年，林寒碧、徐自华和林启、惠兴、苏曼殊的墓，被从孤山迁往了鸡笼山马坡岭，后在"文化大革命"中，因墓碑被毁，这些墓终至湮没无闻。

丁云川先生曾多次前去鸡笼山马坡岭寻访这五位名人的墓，但最终只看到了一些隆起的小土堆。这些曾将最丰厚的精神遗产留给了中国和杭州的人，难道就这样被抹去了最后一丝存在的痕迹？

丁云川先生觉得，逝去的人需要被怀念，杭州的人文历史也需要积淀和弘扬，于是向杭州市委领导提议，希望能为这五位名人竖立纪念碑。杭州市委领导非常重视，立即同意了丁云川的提议。丁云川欣然领命，开始了收集这些名人史料和照片的工作。

在一本叫作《南社人物传》的书中，丁云川获悉了林北丽在上海的住址，他抱着试试看的想法写了这封信，

西湖山水苍茫，是见证，也是归宿

没想到还真与林北丽取得了联系。

对于林北丽来说，这是一个令她无比惊喜的消息。多年来，无处凭吊父母和姨母，成了她最大的一块心病——徐蕴华在上海的墓地，也已在"文化大革命"中被毁。

丁云川先生在信中告诉林北丽，纪念碑有望在年内实施修建。林北丽含着激动的泪水，当即写了回信，除了寄上父母林寒碧、徐蕴华与姨母徐自华的照片及文字资料，她还提出了一个要求：能否在修建纪念碑时，加上母亲徐蕴华的名字？

2005 年，经过丁云川先生和杭州市有关部门的努力，"西湖文化名人墓地纪念碑"终于在鸡笼山马坡岭落成。九十高龄的林北丽，在外孙的陪同下来到纪念碑前。她看到父亲和母亲的名字、照片并列于纪念碑上，禁不住热泪盈眶。至此，她的生命中，再无遗憾。

林寒碧与徐蕴华，这对只享受了七年美满婚姻，却真爱了一生的革命伴侣，最终得以在另一个世界里相依相守。那一刻，连西湖的山水也变得温柔，一如那年那月，尘世里的初相见……

第四章

红颜遗韵

苏小小墓：
西湖墓文化的象征之花

由盛转衰的中唐，风景如画的西湖西泠桥畔，"诗鬼"李贺幽怨清冷的目光，被一座小巧精致的墓亭吸引，墓碑上刻着"钱塘苏小小之墓"。那位六朝南齐的女子，芳魂已逝三百年。

突然，像有一种特殊的感应，穿破阴阳相隔、时间空间，让李贺的心灵为之震动。

"幽兰露，如啼眼。无物结同心，烟花不堪剪。草如茵，松如盖。风为裳，水为珮。油壁车，夕相待。冷翠烛，劳光彩。西陵下，风吹雨。"这首题为《苏小小墓》、风格冷艳迷幻的诗，是李贺献给苏小小的祭礼。

为苏小小墓作诗词写文章的，不只李贺，还有白居易、元好问、徐渭、袁枚、张岱、袁宏道、朱彝尊……历来无数文人大家在苏小小墓前低回流连，用文字缅怀这位身份卑微的女子。

苏小小是一位名妓，她何德何能，引得众多名人争相追慕？

是因为颜值？苏小小是真的美，称她为南齐杭州第一美女也不为过。

是因为才华？的确，苏小小文采出众，南朝徐陵所编的《玉台新咏》里收录的《钱唐苏小歌》，据说是苏小小本人的作品："妾乘油壁车，郎骑青骢马。何处结同心，西陵松柏下。"

是因为桃色绯闻？《钱唐苏小歌》其实就是沉浸在甜蜜中的苏小小的爱情日记。只不过她的爱情故事剧情有些老套：沦落风尘的苏小小，与宰相之子阮郁相爱，但最终的结局是，薄情郎屈从于家人压力和世俗观念，骑着青骢马与苏小小的油壁车分道扬镳，去迎娶门当户对的"白富美"，只给小小留下一颗被错爱强力碾压过的破碎之心。

以上种种，似乎可以说明苏小小墓之所以成为"网红文艺打卡之地"的缘由，但说服力显然不够。其实，苏小小的真正魅力，不在于颜值、才华和她的爱情故事，而在于短短十九年的生命旅程中，她始终活得真实、通透、自由、干净，这是文人墨客们最向往的一种理想人格。

像如今流量级的女明星一样，苏小小完全有资本嫁入豪门，但她坚守内心，期待一份精神契合的爱情。她虽沦落风尘，却是艺妓，像每一个有尊严的女子一样，她靠才华吃饭，从身到心，都冰清玉洁。传说中苏小小以诗怼孟浪的故事，就是明证。

还有苏小小与鲍仁之间的故事，更是成为她美好品质的加分项。

仍是在西湖之滨，尚未从爱情伤痛里完全复原的苏小小，遇见了眉宇间带着一丝淡淡忧郁的清贫书生鲍仁。素不相识，她却用变卖首饰所得的钱，资助这个志存高远的书生上京赶考。鲍仁感动不已，表示日后会报恩。其实，小小帮助他，哪里有半点贪图回报的心？她只不过被他的境遇和志气打动，出于道义而帮他一把。

只是，当鲍仁金榜题名，终于有能力报答苏小小时，那个善良的女子，却已因心情抑郁、身染疾病离世。小小临终前留下遗言："生于西泠，死于西泠，埋骨于西泠，庶不负我苏小小山水之癖。"

已成为刺史的鲍仁，为小小修了墓，把她安葬在西泠桥边，让她与最爱的西湖相依相伴。

苏小小与鲍仁之间，没有爱情，无关风月，只是人与人之间最纯净、最美好的感情。这样的感情，比任何悱恻缠绵的爱情更值得称赏。身世薄凉，但小小仍对人世存着热望，仍然相信真、善、美。这就是她的过人之处，高贵之处。

因为这样的故事，苏小小墓成了一处兼具水墨图画、诗词歌赋、传奇典故性质的文化意象，成了西湖锦绣上的一朵别致之花。前来凭吊的人络绎不绝，后来有人在墓上建了一座慕才亭，为慕小小才名而来者遮风避雨。

苏小小墓何以有如此大的吸引力？深究其因由，我们可以这样比喻：苏小小墓是一枝独秀的花朵，而杭州、西湖独特的墓文化是一座万紫千红的花园，滋养它们的沃壤，就是杭州深厚而广博的历史文化底蕴。

历史的车轮滚滚向前，苏小小墓和慕才亭在岁月的流逝中，几经损毁，又几经重建。

慕才亭里苏小小墓

　　南宋《梦粱录》有关于苏小小墓的记载，而到了明代，徐渭来凭吊时，墓还保存完好。到了清代，郑板桥和乾隆皇帝都曾先后寻访过苏小小墓。沈复在游杭州时，也曾专程拜谒苏小小墓，这件事后来被他写进了《浮生六记》中。

　　直到 20 世纪 60 年代，一些老杭州人还在西泠桥边见过苏小小墓，只是在"清墓运动"中，苏小小墓从西子湖畔消失了。

　　2004 年，丁云川先生提议在原地按原样重修苏小小墓和慕才亭，杭州市政府通过了这项提议。为了能最大限度地保持古墓原貌，丁云川找到了七幅苏小小墓老照片，又依照父亲的回忆和四处寻访，复原了墓亭上的十二副楹联。

"湖山此地曾埋玉；花月其人可铸金""千载芳名留古迹；六朝韵事著西泠""桃花流水杳然去；油壁香车不再逢"……这些文采飞扬的联语，共同诉说着一个久远的故事。

重修苏小小墓完工封顶时，墓中放入了一枚玉石印章，一卷《普庵咒经》，一张光盘。玉石印章印面刻有苏小小及其墓地简介；这卷《普庵咒经》是专程从温州的一所佛寺中请来的，因为旧时杭州重修墓葬有一个传统，要将佛经经卷埋入墓中以镇墓保平安；而光盘上刻录的内容，除了记载苏小小墓的历史变迁和重修经过，还有苏小小墓的老照片和新建照片。

2004 年 9 月 13 日，苏小小墓与重修后的武松墓一同封顶，10 月正式对外开放。至此，许多来西湖一偿夙愿或重温旧梦的人，像当年的李贺一样，在苏小小的墓前，会恍然见一女子，正以风为裳、以水为珮，在湖光山色间乘一油壁车，款款而行……

朱淑真墓：青芝坞里的别致风景

　　在宋代的女性文学家中，如果说李清照是一轮明月，那么，朱淑真就是一颗最亮的星。李清照的月光，明澈、清朗，有着洞穿黑夜的豁达和坚韧；朱淑真的星光，明亮又纤柔，高昂又低回，因着淡薄云层的遮蔽，而显出一派朦胧和迷离。

　　朱淑真如一朵雾中之花，只留给后世一个模糊的轮廓。她的故事，只有在前人语焉不详的追述中，在史学家不经意间遗落的蛛丝马迹里，在她自己所写诗词的悲欢离合间，连缀、还原，由此，我们才能够相信，那位曾在杭州的青芝绿坞潜藏芳踪的"红艳诗人"，是一种真实的存在。

　　和李清照一样，朱淑真是一个很有才华的女子，诗词歌赋、琴棋书画，无所不通。与李清照不同的是，朱淑真没有幸福的原生家庭。她的父亲在南宋朝廷中做着不大的官，让她接受教育，无非是想获取嫁得好人家的资本。但这个女孩子一进了文艺的门，便从骨子里开始文艺起来。

　　按大致的年代推算，朱淑真出生时，李清照已人到

朱淑真像　引自
《百美新咏图传》

中年。朱淑真很可能读过李清照的诗词，并视其为精神偶像。情窦初开时，她也便向往着能遇到赵明诚那样的爱人，诗词酬唱，琴瑟和鸣。

但现实的情况是，她的父亲不是李格非，不允许她自由选择爱情。她只能像那个年代最普通的女孩子一样，听从父母之命，嫁给了一个粗通文墨的小公务员加小市民。

新婚燕尔之际，大约也有过些许甜蜜。据说朱淑真曾经写过一首《圈儿词》寄给在外做官的丈夫。那男子打开信纸，只见纸上并无一字，只画满了圈圈。一头雾水的他，后来在朱淑真寄来的书中发现了一首《相思词》，这才恍然大悟。

那首词中写道："相思欲寄无从寄，画个圈儿替。话在圈儿外，心在圈儿里。单圈儿是我，双圈儿是你。你心中有我，我心中有你。　月缺了会圆，月圆了会缺。整圆儿是团圆，半圈儿是别离。我密密加圈，你须密密知我意。还有数不尽的相思情，我一路圈儿圈到底。"

通俗直白的语言，倒是很适合这位男子的阅读趣味。这样的情意，让人无法不感动。第二天一早，他便跋山涉水回去见她。这真像现代电影里的浪漫桥段。

但真正的爱，不是乍见之欢，而是久处不厌。当最初的激情退去，平淡琐屑的日常，就成了感情的试金石。不知是因为朱淑真嫌弃丈夫的不懂情趣、缺乏文艺细胞，还是丈夫埋怨朱淑真中"文艺毒"太深，一天天只会伤春悲秋，总之，两人的心渐行渐远，朱淑真不禁借诗句吐槽失败的婚姻："鸥鹭鸳鸯作一池，须知羽翼不相宜。东君不与花为主，何似休生连理枝？"

后来，他去各地做官，她不再跟从，而是回到了故乡杭州，住在青芝坞。青芝坞地处西溪，古时以盛产青芝而闻名。白居易笔下"湛湛玉泉色，悠悠浮云身"说的就是这个美地。

青芝坞和杭州的青山绿水，曾见证过朱淑真短暂的快乐。那是她外出与魏夫人、吴夫人等闺密踏青寻春、宴饮游戏的时刻，是她"偷得浮生半日闲"与文朋诗友们雅聚的时刻，是她迈步孤山在林和靖墓前凝神冥想的时刻……

"韶光正近清明节，花坞楼台酒旆悬。"（《春晴》）"一塍芳草碧芊芊，活水穿花暗护田。蚕事正忙农事急，不知春色为谁妍。"（《东马塍》）"门前春水碧于天，座上诗人逸似仙。白璧一双无玷缺，吹箫归去又无缘。"（《春日杂书》）这些诗句，记录着片刻欢娱，是人生里唯一的暖色。

更多时候，她是孤独、寂寞、惆怅、抑郁的。她和李清照在郁闷时所做的一样，画画、喝酒、写诗、填词。

"独行独坐，独唱独酬还独卧""欲将郁结心头事，付与黄鹂叫几声""啼鸟一声惊梦破，乱愁依旧锁眉峰"……不幸的婚姻，始终是一个死结，陷她的一生于困境，她只有在诗词文字间寻求精神上的解脱与慰藉。

但过于深情的人，解脱谈何容易。她心怀对爱情的大胆追求与美好向往，这造成了她又一重困境。从朱淑真所写的诗词来看，她曾有过心心相印的爱人，有人说是婚前之爱，有人说是婚后出轨，但不管怎样，这段爱情给她带来过幸福，最终留下的却是痛苦。

据说朱淑真另有所爱的事实暴露之后，丈夫对她越发厌恶冷落，就连父母也鄙弃她，觉得她的所作所为有辱门风，有损朱家颜面。在那个时代，即便朱淑真有追求独立自主的心，也被环境和时代所限，无法跳出家庭和婚姻的牢笼。重重压力之下，朱淑真精神上的创痛可想而知。

关于朱淑真人生的最后时刻，没有准确详细的记录。有人说她是因抑郁生病而死，有人说是投水自尽；有人说她死时三十多岁，有人说她终年四十多……这个谜一样的女子，差一点就被抹去了所有存在的痕迹。相传临安王唐佐曾为朱淑真写了传记，但最终不幸散佚。

有一个人改变了这一切——在朱淑真离世后不久，有一个叫魏仲恭的人听到很多朱淑真的粉丝都在吟诵她的诗词，一听之下，魏仲恭大感惊艳：这才华，完全可以比肩李清照嘛！

于是乎，魏仲恭就开始在朱淑真的粉丝中间四处搜罗朱淑真的诗词。尽管人们说朱淑真的诗词都被她父母给烧掉了，但魏仲恭还是找到了很多，他把这些诗词集结成册，作序刊行。后来人们又在魏仲恭的基础上进行增补，共搜集到朱淑真的诗词遗作三百七十多首，分类编为《断肠集》和《断肠词》——因为这些诗词中出现频率最高的词是"断肠"，表达最多的情绪实质也是"断肠"。

在唐宋以来的女性文学家中，朱淑真可谓最高产。她的诗词有着独特的价值——她的文字替无数不能发声的女性，发出了追求爱与自由的真实呐喊，散发出封建时代的人性之光；她的文字记录了宋代社会生活的日常和女性真实的生存状态，具有高超的艺术才华。这样一位女子，不应该被遗忘。

朱淑真的最后归宿，是她一生中最主要的居住地——青芝坞。时光流转，沧海桑田，朱淑真的墓地最终在岁月和历史的长河中被湮没。但她和她的诗词一起，一直被记得，被惦念。

如今，在杭州植物园和浙江大学玉泉校区的南拥北抱之间，青芝坞如一块碧玉镶嵌其中。朱淑真的铜像，静静矗立在青芝坞的一个小广场上。这位典型的江南女子，面容清丽，体态窈窕，手执纨扇，神色中有淡淡忧伤，似在眺望远方，又似在吟诵诗词。

在铜像身后的石碑上，刻着朱淑真的一首诗《窗西桃花盛开》："尽是刘郎手自栽，刘郎去后几番开。东君有意能相顾，蛱蝶无情更不来。"

光阴汩汩而过，那个叫朱淑真的女子，不是一瓣被流水带走的寂寞桃花，而是化作青芝绿坞间的山水草木，每一处风景，都承载着怀念。

冯小青墓：桃花一瓣，流出人间

临终前的偶像模仿

阳光从雕花木窗斜射进这座幽深寂静的宅院，照着病榻上的冯小青。她安静地躺着，衣着齐整，妆容精致，依然很美，丝毫没有病人的憔悴和邋遢。

侍女站在榻前充满怜惜地注视着昏睡中的年轻女主人，想着她的经历，不禁唏嘘不已。

这个出身于扬州官家的女子，自幼饱读诗书，精通音律，却不料父亲犯了事被追责抄家。小青孤身逃到杭州，寄住在富商冯家。冯家公子娶了小青做妾，却不料他的正室妻子是个超级醋瓮，对小青百般刁难万般折磨，见小青都一一隐忍，最后竟将她赶出冯府，让她独居孤山，且不许与冯公子见面、通信。

侍女就是在那时候来到孤山上的这所宅子里侍奉小青的，她从来没有见过这么爱美的女子：小青极喜欢在水边或镜前看着自己美丽的影子出神，一看就是大半天。无数次，侍女看见小青在水边或镜前，对着自己的影像喃喃自语。"瘦影自临春水照，卿须怜我我怜卿"，这句诗，就是她对自己影子的深情倾诉。

除了爱玩"自拍"之外，小青还是个文艺女青年，喜欢写诗，喜欢阅读。她最爱的是当时的畅销书《牡丹亭》，常在灯下读到落泪。一直郁郁寡欢的小青，更加忧郁，因此常常生病。唯一能说知心话的杨夫人离开杭州后，她的病就越发重了，直至病入膏肓。

之前，杨夫人曾劝小青另嫁，但小青坚决不肯，她不愿自己的冰清玉洁之质再忍受世俗恶意的践踏和玷污。不肯改嫁也就罢了，病了，小青也不愿意吃药，近来更是水米不进，每天只喝一小盅梨汁。

侍女正想着，突然，冯小青睁开眼："你去，让他给我找个画师来！""他"自然是指冯公子，至于为什么要找画师，侍女想，莫非冯小青中《牡丹亭》的毒太深，要模仿偶像杜丽娘的举动？

画师很快请来了，小青挣扎着起身，细细整理妆容，强打精神做起了模特。

第一张画像完成后，小青说这画像只画得了她的形，没画出她的神；画师又画了第二张，小青说这张虽与她本人神似，但却没有画出她生命中鲜活的风采。直画到第三张，小青才表示满意。

冯小青让侍女把画像供奉在病榻前，摆上香烛和梨汁，然后她对着自己的画像一边祭拜一边哭泣。她最后一次拜下去，就再也没有起来。

这一天，是明代万历年间一个普通的日子。西湖和孤山兀自美丽，世界并没有因为一个女子的离去而有任何改变。

黄昏，冯公子闻讯踉跄而来，看到永远睡去的小青，那平和的面容依然像生前一样姣好，不禁号啕。他欠她的，永远也无法偿还。她怨他吗？恨他吗？他知道，她生前最喜欢读林和靖的诗。将她葬在林处士墓近旁，这是他最后能为她做的事。

一抔净土掩风流。曾有文人赞小青为"桃花一瓣，流出人间"。这一瓣流出人间的桃花，从此定格在西湖畔、孤山下，那一方小小的土丘和那刻在墓碑上的名字，是她在世间活过的证明。

小青墓前的文坛大事件

小青已去，但关于她的故事远远没有结束。

或许在当时，小青就是"网红文艺青年"，她的死讯立即上了热搜，她的故事被人频频提起。明清两代，无数文人墨客前来祭祀，为她作传，并以她的经历为蓝本创作小说、戏剧等文学作品。小青生前的居所，孤寂清冷，她死后的墓地，却显得繁忙热闹。

清道光年间，杭州有一位名叫陈文述的文人来到小青的墓前，看见墓碑已残破不堪，他想，过不了多久，这座香丘将湮没于人间，真是一件憾事。于是，他就在孤山巢居阁的西侧，为冯小青、马菊香、杨云友（时称"西湖三女史"）重修了坟墓。

与此同时，陈文述还集结了几十位江南的文人才女，进行了一次大规模的祭祀"西湖三女史"的活动。这是当时轰动文坛的一个大事件。陈文述为纪念这个事件，和其他一起参加活动的三十六位才子才女们一起写了诗，收录在陈文述自编的《兰因集》下卷中，其中专为冯小青写的诗有八十七首。

在这三十六位才子才女中，有二十六位女性，很多是陈文述的家人、亲戚或者女弟子，最特别的一位叫管筠，是陈文述的侍妾。管筠也是才貌俱佳的女子，与冯小青的境遇有些类似，不过不同的是，她并没有遇到超级大号醋坛子的正室大夫人，所以命运不像小青那样悲惨。

因同为人妾，管筠的诗中，对小青的遭遇多了一些发自内心的"感同身受"的悲叹。这与其他男性文人不同。他们的感叹隔着距离，小青的故事对他们而言，只是"逸事""韵事"，他们无法完全理解身处时代和身份的压制之下，执意保持精神高洁的才女内心的痛楚。

只有管筠，以她与冯小青类似的遭遇，以她女性特

冯小青墓旧址

有的感性和细腻，给予了小青贴心的情感认同和隔空拥抱。对此，其他唱和的女诗人也很有共鸣，她们中有人甚至认为管筠就是冯小青的转世。若小青泉下有知，必会释然一笑：生前不曾得过的温暖，身后尽数得到报偿，从此，孤山不孤矣。

大概陈文述为"西湖三女史"重修坟墓并大举祭祀的活动动静太大，曾上过国际新闻。日本明治时期，一位名叫森槐南的汉学家在《补春天》中，借此敷衍出一段传奇：陈文述住在孤山别业时，因怜惜小青，作《小青曲》一诗，阴间的小青得知后离魂而出，与陈文述在梦中相会。这样的写法虽然有些八卦色彩，不过这样一来，小青最后的愿望得以实现——她真的成了杜丽娘。

名伶与文坛大咖的集结

1915年，五月的西湖，风光醉人。冯小青墓前，正在进行的祭奠，也是一次雅聚。柳亚子、李叔同等南社成员和京剧名角冯春航，一同为那个不惜以死保全独立人格的女子，洒下一掬同情之泪。

柳亚子与李叔同等人，刚刚看了冯春航出演的京剧《小青影事》。演出完毕，在柳亚子的建议下，就有了这次扫墓行动。

随后，一行人在楼外楼吃了午饭，又到西泠印社的四照阁喝茶。有一位南社成员说："今天的事，应该记下来。"柳亚子当仁不让地执笔开写："冯郎春航，能歌小青影事者，顷来湖上，泛棹孤山……"

短文写成后，大家又提议请书法超"硬核"的李叔同书写刻碑。冯春航请了位篆刻家刻碑，谁知这位篆刻家刻字技术一流，却不识字。为了不出错，李叔同就利用下课后的时间，从任教的浙江官立两级师范学堂走一段长长的路，前去孤山巢居阁加以指点。

走到西湖边的时候，常常是黄昏时分。满目的芳草萋萋，随晚风轻轻飘拂的依依绿柳，送到耳边的隐隐清笛之声，慢慢隐入青山之后的残阳，还有漫长的白堤、苏堤……这一切，突然让李叔同产生了一种无限深幽的悲慨之感。

之后，就在这一年，李叔同写出了著名的《送别》："长亭外，古道边，芳草碧连天。晚风拂柳笛声残，夕阳山外山……"

再之后，1918 年，李叔同出家，成为弘一法师。而由他书写、柳亚子撰文，立于冯小青墓旁的那块石碑，随着时光来到了 1964 年，却和冯小青的墓一同被毁。

20 世纪 70 年代初，丁云川先生在杭州一家古旧书店，发现了这块碑的拓片，他花了近一个月的工资买下了这张拓片。

2004 年，丁云川将这张拓片捐赠给了杭州西湖博物馆。2007 年，杭州市园林文物局根据这张拓片重新刻了一块碑，立于冯小青墓旧址处。

如今，在孤山放鹤亭近旁，这块石碑静立在一片绿茵之中。有她敬慕的偶像林和靖在旁陪伴，另一个世界里的小青，应该不再是一瓣寂寞的、临水自怜的桃花。

钱凤纶墓：《红楼梦》的另类解读

天堂杭州有很多种正确的打开方式，最有品又有趣的是哪一种？新红学研究者土默热教授说："带一本《红楼梦》去游杭州！"

《红楼梦》与杭州的渊源，来自土默热爆出的猛料：这部最硬核的古典文学作品，真实的作者是写出了《长生殿》的洪昇，大观园就在杭州西溪，"金陵十二钗"是"蕉园诗社"的十二位女性成员，贾宝玉的原型是洪昇，"宝姐姐"薛宝钗的原型是钱凤纶，"林妹妹"林黛玉的原型是钱凤纶的弟媳林以宁。

土默热教授这么说是有凭据的，单说钱凤纶，其人生经历就与薛宝钗确有几分相似。

清顺治七年（1650），钱凤纶出生。钱家是杭州西溪古荡典型的名门望族，钱凤纶的父亲钱开宗是顺治九年（1652）进士，曾在翰林院任职。顺治十四年（1657），一场劫难悄然向钱家袭来。

这一年，钱开宗担任江南乡试的副主考官，考试中查出作弊，有人告发钱开宗收受贿赂，钱开宗很快就被抓入大牢，第二年十一月被正法。十四岁的钱凤纶，由母亲顾之琼带领，和哥哥、姐姐以及两位弟弟，连同全家主仆共二百余人，被浩浩荡荡押往北京。钱凤纶听说，将来她们很可能要给旗人做奴隶。

幸运的是，这件事并没有成为现实。到北京后不久，钱凤纶全家便被释放回杭州。昔日家园已化为一片废墟，无奈，顾之琼只好带着全家寄住在钱凤纶的姑姑家。钱凤纶的那位姑姑，正是洪昇的继母。

雪上加霜的是，就在父亲入狱之时，钱凤纶的哥哥钱元修本已考中进士，却被人告黑状，说父亲有牢狱之灾，身为长子却热衷博取功名，不孝的大帽子就这样扣下来，钱元修因此被革职，后幽愤而死。钱凤纶的大弟钱肇修于案发第二年被流放辽阳，所幸后来终于无罪释放回到杭州，钱家这才得以重建。

这些惨痛的经历，在少女钱凤纶的心中，留下了深深的伤痕。所幸，还有母亲，还有诗书，还有那些同样爱好文艺的姐妹们，她才不至于在痛苦中彻底沉沦。

钱凤纶的母亲顾之琼，亦是出身书香世家，不负一代才女之名。顾之琼的姑姑，就是江南名媛顾若璞。钱凤纶特别喜欢这位姑祖母。这位令人尊敬的老人，从二十多岁起就开始守寡，却始终不曾远离诗书，顾、钱两家姻亲之中，不只男儿受到了良好的教育，女儿家也个个出落得文才出众、锦心绣口。

到了及笄之年，钱凤纶嫁给了顾若璞的曾孙黄弘修，这使得她有更多的机会与顾若璞交流诗词创作。钱凤纶从小就在母亲的教导下显露出很高的文学艺术天分，诗词歌赋无所不精，加上后天的勤奋悟学，她的诗词才华更是放射出夺目的光辉。

顾之琼深受顾若璞影响，做出了一件可载入史册的事——发起成立"蕉园诗社"，使闺阁中的女子也可以像男子那样举行风雅的聚会，以诗词唱和沟通心灵，疗愈尘世之伤。

钱凤纶和姐姐钱静婉当仁不让，成了"蕉园诗社"的骨干成员。弟弟肇修成婚后，弟媳林以宁也加入进来。后来，有越来越多的人加入"蕉园诗社"，由此有了"蕉园五子"和"蕉园七子"之说。

在杭州美可入诗入画的山水之间，钱凤纶与诗社成员们，忽略了亲缘关系，遗忘了尘俗烦扰，遇着合宜的时机，就进行雅集。西溪愿圃、西湖六桥舫，还有诗社成员柴静仪的居所凝香室，都曾留下她们吟诗诵词的悠游情怀。

在史料中，关于钱凤纶等人的个体生活细节，缺乏详细真实的记录。钱凤纶婚后的生活，她后来的人生经历，我们一概不得而知。而她的诗词，更多是抒写自己的情感和心绪。所以钱凤纶的形象，更多的是作为"蕉园诗社"群体成员之一出现。她的故事，太多留白，需要我们在她的诗词中去脑补和想象。

钱凤纶最终活了多少岁，又是在哪一年去世，无法确证。但有一点可以肯定，她至少活到了六十岁。因为在钱凤纶的词集《古香楼集》序言中，钱肇修说到云仪（云仪是钱凤纶的字）姐已经六十，而他自己也五十二岁了。

"蕉园诗社"后期骨干成员徐德音曾记述，她在康熙四十四年（1705），曾经到北京见过钱凤纶和林以宁。

西溪是蕉园诗社的雅集地

在那不久之后，钱凤纶逝世。徐德音曾写有两首《挽云仪夫人》诗。

其一写道："帝下真符促召还，三清仙驭杳难攀。黄姑自合居天上，婺女宁教驻人间。萧瑟西风悲夜壑，凄凉明月掩松关。异时华表归丁鹤，应识钱王衣锦山。"

其二写道："京洛相逢共论文，登坛真足张吾军。游扬风雅深惭我，零落人琴又哭君。丹旐飘摇还故国，黄沙黯淡结愁云。孤山山下寻玄宅，万树梅花三尺坟。"

根据徐德音的诗，可以推断，钱凤纶逝于异乡，后归葬故里杭州，坟墓就在孤山的万树梅花丛中。

梅花几度开又谢。如今，钱凤纶的墓地，如同被光阴流水带走的梅花，再也难寻踪迹。但钱凤纶以另一种方式获得了重生，她与杭州、与"蕉园诗社"的因缘被人永远铭记。

土默热教授从追寻古典文学源流的角度来解读《红楼梦》。通过钱凤纶诗词承续宋代词人姜白石"幽韵冷香"的风格，土默热肯定了薛宝钗的原型是钱凤纶的说法。因为《红楼梦》中宝钗所做的诗词，也具有同样的风格。

"空阶冷雨湿胭脂，减芳姿。终宵不断泪千丝，为谁痴。却似绣帏新睡足，欹红玉。一腔幽恨没人知，可怜时。"这是钱凤纶《添声杨柳枝·雨后海棠》中的词句。"珍重芳姿昼掩门，自携手瓮灌苔盆。胭脂洗出秋阶影，冰雪招来露砌魂。淡极始知花更艳，愁多焉得玉无痕。欲偿白帝凭清洁，不语婷婷日又昏。"这是宝钗《海棠诗》中的句子。两相对比之下，风骨的确颇为相近。

土默热教授认为，宝钗服用冷香丸以疗热毒，实际上与钱凤纶以"冷香幽韵"的诗词来疗愈家破人亡的人生抑郁之"热毒"，本质上是一回事。

这个观点，让世人看到了一种解读《红楼梦》的全新方式，也掀开了杭州"博物馆"的一角，让我们看到了风雅杭州、人文杭州更多的宝藏。而钱凤纶，就是那些宝藏中的一颗明珠，顺着她的光芒，我们可以看到前世杭城是怎样的风帘翠幕，诗书山水共妖娆。

惠兴墓：一花凋谢，换得无数盛放

那一个凌晨，整个杭州在沉睡，只有旗营里一位女子的闺房之中，还亮着灯。

灯光映照着女子神色坚毅的面庞和孤独的身影。她拿出八封遗书，把它们放进桌斗里。这是两天前就写下的。要永别了，总得向这个世界、向身边的人说些什么吧。

想了想，她抽出其中一封遗书，放在贴身的衣袋里。然后，她缓缓拿出一大包白色粉末放在茶碗里，冲入开水，一饮而尽。她没有丝毫犹豫，好像在饮一杯绝世佳酿。

不久之后，一切都会结束，但在这之前，还有一件最重要的事等待她完成。

她穿戴整齐，准备出门。走到院子中央，快到大门之时，她突然感觉到两腿发软，不由扑倒在地。响声惊动了家人，他们扶她回房。看到茶碗上残存的痕迹，他们什么都明白了。

医生很快被请来，但她中毒已深，任是神仙也无力回天。家人们只好眼睁睁看着她脸上的血色一点点散去，呼吸一点点微弱。

突然，她睁开眼，示意家人从她身上摸出那封遗书，拼尽全力说了最后一句话："把这个交上去，学校就有常年经费了。"一个三十五岁的年轻生命，就此过早凋谢。

那封遗书，是写给贞文女学堂的学生们的。她在信中，说到自己办学的艰辛和经费无着、求告无门的无奈与酸楚。她还说，自己的死，不是寻短见，是为了学堂办成而兑现承诺，就像生病时求神佛保佑，病好了要还愿一样。她请求学生们不要记恨她，不要哭她。"只要听我一言，以后好好侍奉先生，听先生教训，总有益于身的……"

这一天，是清光绪三十一年（1905）11月25日。那位姓"瓜尔佳"名"惠兴"的满族女子，用她的死改变了无数中国女子的命运。

那时候，嫁人生子是大多数女子生活的核心内容，她们拥有的，是一眼见底的人生。惠兴十九岁嫁了人，但不久丈夫就去世了。光绪二十九年（1903），孀居多年的她，埋藏心底的读书梦又浮上心头。慈禧太后准许地方开办女学堂，惠兴兴冲冲地去杭州城一所女学堂报名，却因种种原因被拒之门外。

早些年，惠兴读张之洞的《劝学篇》，深深为文中的观点打动，倍感教育的重要。后来，她又读到梁启超的《倡设女学堂启》一文，又深感女子受教育的必要。于是，惠兴萌生了一个大胆的想法：自己创办女子学堂！

光绪三十年（1904），惠兴说服了杭州当地政府官员和一些有声望的人物，商定在梅青书院的旧址上建一所女子学堂。校址选定了，但建校经费却是一个大问题。

惠兴四处奔走，总算众筹到了三百银元，但还远远不够。

惠兴又向一些富有人家的太太小姐们反复阐明女子教育的重要性，向她们进行募捐。那些女子纷纷答应出钱，但款项要到学校落成后才兑现。这一来，惠兴又募集到了一千多银元。

这一年9月16日，一座崭新的学堂——贞文女学堂诞生了！开学典礼上，惠兴用刀割破手臂，以血明志："今日为杭州旗城女学校成立之日，我以此血为纪念，如此校关闭，我必以身殉之。"

不幸，一语成谶。贞文女学堂虽然办起来了，但经费问题仍然令人头疼。一边是建校的工匠不停地上门讨要工钱，一边却是当初那些答应捐款的富家女眷们翻脸不认账，她们不但不给钱，还说惠兴"多事"。惠兴陷入了极度的焦虑和抑郁之中。

在惠兴的苦苦支撑之下，贞文女校艰难地度过了一周岁生日。时间来到了光绪三十一年（1905），如果经费再不能接续，学校就只能关闭。在此之前，因为经费不足，学校已经屡次停课。

惠兴想起自己在开学典礼上血的誓言，为今之计，她只有一条路可走。她相信，自己的死，一定可以警醒国人，换来贞文女校和中国女学的春天。

于是，在那一个冬夜，她静静地留下遗书，服下毒药，用生命践行承诺。

惠兴的死，震动了杭州和整个中国。一时间，惠兴"以身殉学"的消息占据了各大报纸的头版头条。杭州镇守将军与浙江巡抚联名上书朝廷，慈禧赐"贞心毅力"四字以示对惠兴的表彰。在杭州和北京两地，人们为惠兴举办了隆重的追悼会。戏剧界还将惠兴的故事搬上舞台，在各地热演，由此为学堂募集了大量资金。社会各界人士也纷纷捐款。

光绪三十二年（1906）四月初一，贞文女学堂重新开学，不过现在它有了一个新名字——杭州官立惠兴女学堂。学校经费以社会义捐为主，官府拨一定款项给予补助。惠兴的愿望，终于实现了。

惠兴也许不会想到，她的死，不但救了一所女校，还催生了许许多多个女校。惠兴事件之后，全国掀起了开办女学的高潮。清光绪三十三年（1907），清政府正式颁布章程，承认了女子教育的合法性。

可惜惠兴看不到那些激动人心的时刻，她安静地长眠于孤山放鹤亭后。放鹤亭周围，种着株株梅花，而惠兴是最特别的一朵，她用自己的凋谢，换取了无数如花女子的灿然盛放。

"梅青古院好滋培，一秀才捐一树梅。放鹤亭前人不返，十分清丽为谁开？"这首诗，寄托着后人对惠兴的怀念和哀思。如歌的岁月中，惠兴的墓地，年年梅花开了又谢，而那个女子，却再也不会回来了。

1964年，惠兴墓和西湖边的众多名人墓一起，被迁往鸡笼山马坡岭，后被湮没。2005年，在丁云川先生的提议之下，杭州市政府为惠兴和徐自华、徐蕴华、林寒碧、林启、苏曼殊六位名人，在鸡笼山马坡岭树起了"西湖文化名人墓地纪念碑"。人们的思念和敬意，终于有了落脚处。

穿行在满溢书墨香气的杭州城，行至仁和路与浣纱路路口附近时，你会看到一条安静洁净的小路——惠兴路。路边的惠兴中学里，琅琅书声美如天籁，这声音从岁月深处走来，绵绵不绝，响彻了百年。

惠兴路的书声里，孤山的梅香里，那个冬夜里独自远行的女子，临行前艰难和决绝的眼神，幻化成天空中一颗明亮的星，世世代代，光芒永不摇落。

秋瑾墓:
遗愿，是一条艰辛而漫长的道路

英灵厝荒冢

清光绪三十三年六月初六，即 1907 年 7 月 15 日，凌晨的绍兴城，还沉浸在昏睡的梦中，一如那时很多只知醉生梦死的国人。

轩亭口的刑场上，响起了清脆的镣铐撞击声。一位白衣女子缓步而行，围观的人们面露不忍：如此柔弱的身躯，怎么承受得了那样沉重的铁镣，还有即将到来的利刃寒光？

"痛同胞之醉梦犹昏，悲祖国之陆沉谁挽？"发出最后一声忧戚的长叹之后，白衣女子从容就义。

白衣女子名叫秋瑾。从此，世间再无鉴湖女侠。秋瑾的忌日，像一个神圣的符号，永远铭刻在中国历史的长卷上。

可悲可叹的是，这样一位为国家民族大义而牺牲的女英雄，死后却无人为其收尸。彼时，因为秋瑾的革命者身份，秋瑾的大哥秋誉章和其他家人为逃脱清政府的迫害而在外地暂避，绍兴城内的亲属也担心受牵连而不敢出面。

直到秋瑾遇害五六个小时之后，几个侠肝义胆的士绅再也看不下去，他们出面将秋瑾的遗体殓进一口白木棺材，雇人抬到绍兴城郊的卧龙山（俗称府山）西北麓，暂厝在一片乱坟荒冢之间。

秋瑾的死，让她的两位挚友吴芝瑛、徐自华痛不欲生。她们和秋瑾一样，也是女子中的佼佼者，两人素未谋面，却不约而同拿起了笔，祭悼秋瑾，声讨清廷当局，在社会上造成了很大的声势，支持她们的人越来越多。迫于舆论压力，清政府也稍稍放松了对秋瑾家人的迫害。

在这样的情况之下，秋誉章带着秋家人回到绍兴，偷偷将秋瑾的灵柩移到常禧门外严家潭丙舍，本想暂时存放一段时间之后就迁入秋家祖坟，但丙舍舍主听说秋瑾是革命党人，决意不许停灵。悲愤又无奈的秋誉章，只好将妹妹的灵柩停放在大校场旁边的乱坟堆中，上面盖上草帘，以防风雨侵蚀。

遗愿初得偿

秋瑾遇害三个月后，徐自华联络上了吴芝瑛。徐自华说，希望得到吴芝瑛的帮助，共同完成秋瑾的遗愿。

原来，就在秋瑾牺牲前四个月，徐自华和秋瑾在西湖边拜谒岳飞墓时，秋瑾曾对徐自华表示，自己死后愿埋骨西泠，与岳飞英灵相伴。秋瑾遇害前一个月，她再次嘱托徐自华，日后一定帮她实现埋骨西泠的愿望。

生死之交，生死之托，徐自华决心不惜一切代价，让秋瑾长眠西泠。她与吴芝瑛商定，两人之中，一人负责落实墓地，一人负责建墓营葬。

夏去冬来，不觉已到了十一月。秋誉章没有想到，徐自华会冒着风雪来到绍兴秋家。听了徐自华的一番话，秋誉章大为感动，当即答应将秋瑾迁葬杭州西子湖畔。

徐自华立即给吴芝瑛写信，说自己已在西湖苏堤春晓处购得墓地，请吴芝瑛帮忙找人修墓。半个月后，吴芝瑛告诉徐自华，墓已修好。

秋誉章按照事先和徐自华商量好的计划，秘密将秋瑾的棺椁运送到杭州。秋誉章看到，在西泠桥西侧的湖滨，绿草如茵之中，一座新坟散发着泥土的气息，墓碑上写着"呜呼山阴女子秋瑾之墓"，那是吴芝瑛的手笔。她因生病未能亲临现场，特委托丈夫廉惠卿前来，和徐自华接洽，为秋瑾营葬。秋瑾终于如愿在西泠桥畔与岳飞比邻长眠。

第二年正月，由徐自华发起，社会各界四百余人在西泠桥畔公祭秋瑾。有人提议，将墓碑文字改为"呜呼鉴湖女侠秋瑾之墓"，徐自华和吴芝瑛同意并照做了。

公祭结束后，陈去病等人成立了一个秘密组织——秋社，由徐自华担任社长，每年在秋瑾殉难日举行纪念活动。

"湖云山树总悲凉，春晓苏堤柳未长。添个鉴湖秋侠墓，游人凭吊泣斜阳。"实现了秋瑾的遗愿，徐自华长出一口气。但她万万没有想到，英灵并没有因此获得安宁，实现一句君子之诺，原来需要走过那样艰辛而漫长的路。

呜呼鉴湖女侠秋瑾之墓

平墓掩迁葬

秋瑾归葬西泠后不久，秋誉章正在时任黑龙江提法使的堂叔秋桐豫家中避难，突然得到消息：御史常徽在杭州游西湖时发现了秋瑾墓，上奏朝廷，很快浙江巡抚增韫就得到了平坟的指令。

增韫是个官场老油条。想当初因为秋瑾的案子，绍兴知府贵福和前任浙江巡抚张曾扬，都因激起民愤而不得善终，自己必须想一个两全其美的法子。

增韫派人找到秋桐豫，让他转告秋誉章暗中将秋瑾灵柩迁往老家绍兴。秋誉章依言照办，秋瑾灵柩被起出，又运回了绍兴严家潭暂厝。这时，距吴芝瑛、徐自华在西泠营葬秋瑾还不到一年，饱含着两人心血的秋瑾墓被增韫平毁。所幸，英雄灵柩得以保全。

秋瑾墓被平的第二年，秋瑾的丈夫王廷钧病逝。王家以秋瑾儿子王沅德的名义，提出要将秋瑾葬到湖南湘潭。秋瑾是王家的媳妇，秋誉章无法拒绝这个请求。于是，巾帼英烈的灵柩又踏上了漫漫旅程，跋山涉水来到湘潭昭山，但不知为何，却一直没有下葬，只是暂厝在昭山附近十里处石坝子（今属株洲市）的荒郊野外，一座简陋的茅亭充当了暂时的墓亭。

这时，距秋瑾遇难还不足三年，但她的灵柩却已经经历了大大小小五次迁移。何时能得安宁？天堂的秋瑾在问，爱着她的人们也在问。

二度返西泠

辛亥革命成功后，浙江、湖南两省因为争相迎葬秋瑾遗骸而相持不下。哪一片湖山能有如此幸运，享有埋葬英雄之骨的无上荣耀？争论还未分出胜负时，秋瑾的灵柩已从湘潭昭山迁移到了长沙岳麓山。

徐自华闻讯，心急如焚，如果真的将秋瑾葬在湖南，不是违背了烈士生前的愿望吗？她立即请求陈去病和秋瑾的妹妹秋理前往湖南进行交涉。最终，秋理说服了秋瑾的儿子王沅德，秋瑾的灵柩又一次开始山迢迢、水遥遥的迁移，经汉口，过洞庭，沿长江而下，不久到达上海港。

在上海，人们为秋瑾举行了隆重的追悼大会。之后，灵车途经枫泾、嘉善、嘉兴，最后来到杭州，暂时停放在西湖秋社，等待安葬。孙中山、黄兴等各界知名人士相继前来秋社祭奠女侠英灵。孙中山亲笔题写了"巾帼英雄"匾额，还亲拟一副挽联："江户矢丹忱，感君首赞同盟会；轩亭洒碧血，愧我今招侠女魂。"后来由胡汉民书写后，一并挂在秋社内。

又逢六月初六，西湖的荷风送来阵阵香气，秋瑾第二次被安葬在西湖西泠桥畔。这一天，是她逝世六周年纪念日。徐自华如释重负的同时，又不禁想：明朝，还会有风雨来袭吗？

湖山伴清宁

五十多年光阴倏忽而过。1964 年，西湖畔的秋瑾墓和其他名人墓一样，迎来了一场浩劫。在这之前，吴芝瑛和徐自华已分别于 1933 年、1935 年离世。离开了两位生死知交的帮助，秋瑾的遗骨，会遭遇怎样的命运？

尽管周总理指示要予以保留，但秋瑾墓还是在一个黑夜被拆除。

当时负责清理秋瑾墓的，是杭州市园林局的技术员陈尔扬。坟墓打开后，陈尔扬看到英雄的骸骨依然完整，她仰卧在那里，仿佛正在酣眠，发髻上别着玉簪，身旁还有一把短剑……

陈尔扬突然觉得眼睛发酸，胸腔内一股热流在奔涌。他极力压抑住自己的感情，悄悄将秋瑾的遗骸收进一个瓷瓮中，带到鸡笼山马坡岭安葬。由于没有墓碑，为了日后辨认方便，陈尔扬在这个简易的坟前种了一棵小柏树做记号。

暮年的陈尔扬退休在家，他暗中将秋瑾遗骸的埋葬位置告诉给了同村的来政富。陈尔扬相信，终有一天，秋瑾墓会重修。到那时，如果自己作古，后人会按照来政富的指引，顺利找到秋瑾的埋骨之地。

陈尔扬的预料没有错，历史和人心知道答案。1980

年，"文化大革命"早已成为过去式，秋瑾的两位孙女王玉琳、王家梁姐妹写信给邓颖超，请求帮助寻找秋瑾骸骨。

浙江省和杭州市的相关领导接到邓颖超的指示后，立刻开始了寻找秋瑾遗骨的工作。在来政富的带领之下，英雄遗骸被顺利找到，经过认真专业的比对和鉴定，确定为秋瑾遗骨。

秋瑾雕像

1981 年，秋瑾又一次被安葬在了西泠桥畔，墓前立着按照秋瑾照片精心雕刻的汉白玉雕像，只见她手握宝剑，凝视西湖，英姿飒爽，仿佛并未离开。墓碑碑座正面是孙中山题写的"巾帼英雄"四字，背面是秋瑾的女弟子徐蕴华用生命保存下来的秋瑾墓表。

至此，烈士英魂终与西湖、孤山相依相伴，与岳飞比邻长眠，永享清宁。

第五章

佛门梵音

永明延寿禅师墓塔：
净慈寺前身的悠远禅意

那是一个寻常的夜晚。

月光下的西湖，宛若清透明澈的宝镜。西湖南岸，南屏山慧日峰的层层峰影，如黛色神秘的屏障，铺陈在天地之间。

慧日峰下，清风朗月之中，永明禅院的声声梵音，随风散播到很远，很远。

弟子们知道，永明延寿禅师又开始每天的必修功课了。自踏入佛门，禅师永远是那一身僧衣，每天心心念念的铁定任务，是日行佛事一百零八件、日诵佛号十万遍。这在常人看来不可能的事，禅师却数十年如一日地在做，几乎和呼吸一样自然。

心细的弟子们听出来了，今晚禅师诵佛的声音，与往日有所不同。到底是怎么个不同呢，却又无法明明白白地说出来。似乎有那么点儿喜悦，又有那么点儿伤感，但主调是一如既往地平静、空灵。

只有永明延寿禅师自己知道，今晚的诵经为何如此

永明寿禅师小像 引自《净慈寺志》

特别。他诵经完毕，入睡之前，不由得思绪翻涌，往事一幕幕在脑际闪现。

佛缘似乎与生俱来。刚开始认字，他便拿着一本本佛经爱不释手，慈悲的种子在幼小的心灵里悄然生长。二十八岁时，他当上了吴越国的军需官，为了买鱼虾放生花光了积蓄，后冒险挪用公款被官府判处死刑，幸而国君钱元瓘为他的善心诚意所感动，这才捡回一条命。

三十岁时，他告别尘俗身份，来到龙册寺出家，于他而言，这是一次华丽转身。"寂寂虚怀无一念，任从苍藓没行踪。"正如永明延寿禅师在《山居诗》中所写，此后，他便居于山野，将身心全都交给了佛祖。先是应吴越国第五代国王钱俶之邀复兴灵隐寺，后又来到慧日永明院担任住持。

一晃，他在慧日永明院已经十五年。这些年里，除了每天必修的功课，他还经常应邀到各处开坛说法。佛事之余，他也不忘著书立说，关于佛学的一些感悟与思想的吉光片羽，需要留下来。

近些年，他渐感体力不支，算算，自己已是六旬老人了。前一年，他回到了久别的天台山，开坛传授菩萨戒，受戒的人不计其数。虽然辛苦，但他感到非常幸福。普度众生，是自己唯一的，也是终极的人生理想。只是，他预感到，外出传法，天台山或许是最后一次。

今晚诵经时，强烈的预感又再次袭来。他虽是修行多年的高僧，但也是人，面对生死大限，也无法完全做到心若止水。是以，诵经时声音有了极微妙的波动。他很快调整了自己的心态。佛祖说，"自己就是最后的岛屿"。世事如落花，心境自空明。生死花开落，无忧亦无惧。

一念及此，他平静睡去。

第二天清晨，他如常早起。沐浴更衣、焚香礼佛之后，他召来禅院众人，平静地告诉他们："我要走了。"他说得那样淡然，就好像只是去别的寺院讲经说法，但其他人都明白，这意味着什么。

就在这一天，永明延寿禅师在静坐中圆寂。眼前的佛影，渐渐模糊；心中的佛影，却愈加清晰，直至定格成永恒。

史料记载，永明延寿禅师荼毗（佛教用语，指僧人死后火化）后，"舍利鳞砌于身"，舍利子像鱼鳞那样多而整齐地排列着。一般而言，只有得道高僧圆寂火化后才会有舍利子出现，而永明延寿禅师的舍利子竟然这么多，也难怪，他是杭州佛教南山开山祖师、净土宗六祖、法眼宗三祖，是名副其实的得道高僧啊！有人说永明禅

净慈寺（老明信片）

师在佛学界的地位，相当于儒学界的朱熹。

相传永明延寿禅师圆寂后，有一个僧人长年围着大师的墓塔转圈。别人问其缘故，那人回答："我在一次大病中到过冥界，看见阎王殿上供奉了一座僧人像，阎王常在像前礼拜。我悄悄问了人，原来那僧人像是杭州的永明延寿禅师。大师灵逝，未经冥府，直接往生西方极乐世界。连阎王都敬重大师的业德，天天礼拜，所以我就来这里绕塔，以表达对大师的敬意。"

关于永明延寿禅师的圆寂，佛学界还有一个传说。五代十国时，吴越王钱俶曾设了一个千僧斋，上座留给圣僧。大家都到齐之后，一个迟到的长耳僧人大模大样地坐到了首座上。人们都暗怪这僧人不知轻重。千僧斋结束，众人陆续散去，钱俶问永明延寿禅师："今天怎么没有圣僧过来？"禅师回答："有啊，定光佛就是。""定光佛？谁是定光佛？""就是那个长耳僧人啊！"

钱俶赶紧派人去追，追到跟前，长耳僧人回头说了一句"弥陀饶舌"就进入山门不见了。那人想了想，"弥陀"就是阿弥陀佛，"饶舌"意思是多嘴，分明是怪延寿禅师透露了他是定光佛的秘密，照此逻辑推论，延寿禅师难道是阿弥陀佛？

那人赶紧跑到永明禅院去找永明延寿禅师，刚进大门，就听到消息说，禅师已经圆寂了。

在这个传说中，永明延寿禅师是阿弥陀佛的化身，所以后世就将永明延寿禅师的生日——农历十一月十七日定为阿弥陀佛的圣诞纪念日。

据说，佛祖临终前嘱咐弟子们不要对他进行个人崇拜，永明延寿禅师、至圣先师孔子及很多伟大的人都是如此认为的。后世人们却从他们身上衍生出种种带有传奇色彩的传说和故事，这一方面是凡俗世人对他们的崇敬与怀念，一方面也是他们人格魅力的实证。

永明延寿禅师圆寂后，钱俶在慧日永明院内的东北角为其修建了墓塔和墓亭，大师的舍利就供奉在其中。后来，永明禅院改名为净慈寺，永明延寿禅师墓塔所在之处就成了永明塔院。

漫漫岁月中，净慈寺经历了无数风雨沧桑，永明塔院也在时光中损毁。1936年，由太虚大师主持，永明塔院得以重建。永明延寿禅师的舍利，供奉在用汉白玉雕琢而成的墓塔之中，立于塔院大殿正中。

如果你来到净慈寺这所与灵隐寺齐名的千年古刹参禅礼佛，从永明塔院的白色舍利塔前经过时，一定会感知到历史回音里的悠远禅意。

辩才法师墓塔：
佛门高僧与苏东坡的龙井茶缘

宋元祐七年（1092）五月的一天，因政见不合被调往扬州任太守的苏东坡，接待了一位特别的客人——老友辩才法师的徒弟惟楚。惟楚带来了一个令人伤心的消息：辩才法师已于前一年九月圆寂。

苏东坡有很多僧人朋友，他从他们身上汲取生命智慧，借此实现自我救赎，辩才是其中交情最深的友人之一。

早在二十一年前，苏东坡在杭州担任通判时，便与辩才法师相识、相知。

初次见面，辩才法师留给苏东坡的第一印象是：身材颀长，面容清瘦，皮肤白皙，面色红润，一副仙风道骨的模样。尤其是他的眼神，像山泉那样清澈，在那样的目光注视之下，你会觉得心事无所遁形，心结会自然散开。

苏东坡曾发自内心地在《赠上天竺辩才师》一诗中赞美这位高僧："中有老法师，瘦长如鹳鹄。不知修何行，碧眼照山谷。见之自清凉，洗尽烦恼毒。"而辩才法师也对苏东坡的学识、人品非常欣赏。辩才法师比苏东坡大二十几岁，但他们惺惺相惜，相见恨晚，结成了一对可贵的忘年交。

研究佛法之外，辩才法师最喜欢做的事，就是写诗和品茶。而这两者，也是苏东坡的心头好，于是两人交往日益频繁。坐在梵音声声的寂静寺院，面对着满目青山绿水，喝一口辩才法师烹制的佳茗，再聆听几句这位著名高僧的智言警语，苏东坡就会暂时忘却仕途坎坷带来的郁闷，变成一个洒脱欣悦的"坡仙"。

苏东坡曾经问过辩才法师："我也品过很多地方所产的茶，唯独你烹制的茶味道独具一格，堪称上上品，其中有什么奥秘？"辩才法师笑着回答："这茶产自白云峰，下有白沙沃土承托，上有山间云雾缭绕，是以茶味优厚，与众不同。"辩才法师的话，同茶香一道，深深留在苏东坡的记忆里。

辩才与苏轼品茶论道像

这样的友谊持续了三年之后，苏东坡调任密州，不得不与辩才老友忍痛而别。又过了五年，就在苏东坡遭遇"乌台诗案"的元丰二年（1079），辩才法师辞去担任了十七年的上天竺寺住持之位，决定退守隐居。

辩才法师选择了清静幽僻的履泰乡晖落坞寿圣院（位于如今杭州西湖老龙井，后改名为广福院）作为安度余生之所。寿圣院，原名报国看经院，建于吴越国钱俶在位期间，因年久失修，只剩几间破旧的房屋。辩才法师拄着禅杖，自己去找来一些茅草盖在屋顶上，这才免遭风雨侵袭。

宋元祐四年（1089），苏东坡再次来到杭州出任太守一职，他与辩才这对彼此心心念念的灵魂知己，终于再度重逢。苏东坡惊讶地发现，辩才竟还是多年前的模样，只是眉须皆白，真正地恍若仙人。

虽是隐居避世，但以辩才的高深修行与无量功德，慕名前来拜访的人依然非常多。除了苏东坡，还有秦观、杨杰、赵抃、参寥子等名人。因访客实在太多，辩才法师只好定下规矩：殿上闲谈，不超过三炷香；山门送客，最远不过虎溪。苏东坡每次前去拜访辩才法师，品茶畅谈完毕，辩才法师总会沿着风篁岭亲自送别苏东坡。

有一次，两人畅谈了一宿，第二天在送别路上仍意犹未尽，边走边聊，不知不觉，竟然走过了虎溪上的归隐桥。苏东坡有些不安，辩才法师却释然笑道："杜甫不是说过嘛，'与子成二老，来往亦风流'。"有些规矩，原是可以破的，只看为谁而破。为纪念这件趣事，辩才法师在风篁岭上建了一座"过溪亭"，苏东坡建议给这所亭子取个别名叫"二老亭"。

离别的忧愁终是躲不过。宋元祐六年（1091）二月，苏东坡接到诏令，要返回京都。他走的时候，正是万物复苏的早春。而仅仅隔了七个月，初秋风起之时，这世界上便零落了一个知交。

苏东坡一直记得辩才法师最后一次送别自己时的画面：他站在风篁岭摇曳着修竹翠影的最美山道上，面含微笑，用白眉下那双永远清澈的眼睛望着好朋友，轻轻地挥手，山风鼓荡着他的青灰色僧袍，像一只在风里翻飞的大鸟。那一刻，山间满溢茶香。

这茶香来自狮峰山山麓，茶树是辩才带着他的弟子们亲手种植的。茶园的碧绿，向天边延伸开去，也似对苏东坡的离去依依不舍。

如今，那茶园想必更大更绿，只是那个心意相通，为苏东坡在杭州带去温暖慰藉的人，却归向大化，一去不回了。

惟楚告诉苏东坡，师父走得很平静。从前一年九月的某一天开始，师父似有预感，就谢绝所有宾客，不再进食和谈话，只是每天进入净室闭目打坐。到了第五天，师父念了偈语，告知大家，自己要离开，以此与众人作别。第七天，师父在静坐中安然圆寂。惟楚说，自己此番前来，一是告知苏东坡师父圆寂的消息，另外还要请苏东坡为师父即将修建的骨塔写一篇铭文。

苏东坡强抑悲伤，提笔写下一篇《祭龙井辩才文》，其中有这样的句子："虽大法师，自戒定通。律无持破，垢净皆空。讲无辩讷，事理皆融。如不动山，如常撞钟。

老龙井

如一月水，如万窍风。八十一年，生虽有终。遇物而应，施则无穷"，"我去杭时，白叟黄童。要我复来，已许于中。山无此老，去将安从。噫参寥子，往奠必躬。岂无他人，莫写我胸"，对辩才的赞赏和敬仰之情，痛失知己的惋惜伤怀，溢于笔端。

或许是由于公务繁忙，苏东坡并没有为辩才的骨塔撰写铭文，而是将这件事托付给了自己的弟弟苏辙。就在那一年的十月，辩才法师骨塔在龙井狮峰山麓建成。一代高僧，最终长眠在了旷世茶香的清幽野趣之中。

历史的车轮滚滚向前。辩才法师当年所种的茶，成了"网红"畅销品，连清代的乾隆皇帝也忍不住"直播带货"，封了其中十八棵茶树为"御茶"。这种茶，经历时间的洗礼，越发醇香醉人，后世人以产地将其命名为"龙井茶"，又送封号"绿茶皇后"。辩才法师成了龙井茶鼻祖，杭州成为"中国茶都"。

2003 年春，杭州市有关部门在狮峰山山麓发现了辩才法师骨塔的构件，为了纪念辩才法师，决定对骨塔择地重建。一代高僧的灵塔，终于重新树立在了辩才法师当年与苏东坡品茶论道的地方。

越来越多的现代人来到杭州老龙井，会对着一座经年的石质墓塔，默默缅怀那个最初种下龙井茶的高僧与一代文豪苏东坡的醇厚友情。在品味着龙井茶的青鲜莹透与穿越灵魂的香气之时，深刻感受这涵泳着东方古典情韵、封存着中国农耕文明的神奇的东方树叶所带来的历史美、文化美、生活美、人情美。

济公墓塔：
"颠僧" "活佛" 的水连天碧

　　三十多年前，有一部老牌神剧《济公》火遍大江南北，"男一号"济公也随之成为最接地气的佛门高僧，几乎家喻户晓，老少皆知。很多人不知道的是，被神化了的济公并非虚构，而是历史上一个真实的存在，并且还是个"高富帅"。

　　宋代高僧居简的文集《北涧集》以及《灵隐寺志》《净慈寺志》《武林梵志》等佛教典籍中，都有关于济公生平的记载。史料爆出的冷知识，颠覆了我们惯常的认知：以一身破烂打扮彰显辨识度的济公，原来是在浙江天台县永宁村的一座豪宅里长大的。

　　济公原名李修缘，其五世先祖李遵勖是宋太宗长女万寿公主的"都尉驸马"，而李遵勖的祖父李崇矩和父亲李继昌都是一代名将，李崇矩还曾被封为"陇西元靖王"。

　　十八岁以前，李修缘过着"官二代"的生活，后来随着父母双亡，家道中落，李修缘的人生出现了重大转折。李遵勖一生崇佛，或许是遗传基因里种下的佛缘延续到了李修缘身上，像《红楼梦》中的宝玉一样，李修缘于

虎跑济公塔院
济公雕像

大起大落之际，终至大彻大悟。

　　十八岁的李修缘，抛却青春的五彩斑斓，来到杭州，投入灵隐寺瞎堂慧远禅师门下，法号道济，意为"以道济世"。虽然入了佛门，但道济骨子里的放诞不羁一如往常。他嗜酒好肉，特别喜欢吃狗肉蘸大蒜，有时还与小孩子一起逗山猿，翻筋斗，尽情游戏。寺中同门向瞎堂禅师告状，瞎堂说："佛门如此广大，难道容不得一个颠僧？"从此，人们就称道济为"颠僧"，又称"济颠"。

　　瞎堂禅师是一位胸怀博大、慧眼识珠的高僧，他看穿了道济癫狂背后的佛心。"济颠"表面虽"颠"，内里却是真正的"济"。世人眼中的道济，行为狂浪，言谈怪异，俗气又邋遢。但实际上，他的身上体现了佛教文化的精髓——诸恶莫作、众善奉行、自净其意。他用荒诞的作派和嬉笑怒骂，警醒世人觉悟。"不于人世翻筋斗，弄把戏，佛法何以阐明？"他用这种草根式的教化方式，使佛法不再显得高深神秘，而是有了一种亲切平和的魅力。

　　瞎堂禅师圆寂后，道济来到净慈寺，投在了德辉长老门下。他依然用生命高唱着"狂浪是一种态度，狂浪是不被约束"，一边漫游山水，一边济世度人。

光阴如水，匆匆而逝。时间来到了南宋嘉定二年（1209）五月十四日，济公知道大限将至，便写下了一首辞世偈："六十年来狼藉，东壁打到西壁。如今收拾归来，依旧水连天碧。"之后，便合目垂眉，于端坐中安然圆寂。

依照佛门惯例，济公行火葬，烧化之后的济公舍利晶莹灿烂，令全杭州都为之震动。按佛教的说法，得道高僧火化之后才能留下舍利，济公的舍利不但多，且颗颗光亮异常，可见他的修行已达非常高深的境界。

济公在生前认识一位祖觉禅师。祖觉禅师个性诙谐不羁，特立独行又不逾佛门规矩，常以脱俗不羁的言行，于谈笑之间完成对世人的度化，这一点与济公很像。祖觉圆寂后，济公曾请求居简为祖觉写祭文，居简欣然接受。祭文里，居简在佛家生死观的基础上，强调以生死法来勘验每一个学人，面对生死，大达大观，做到来去无碍，便是解脱。人生就像旅行，结束之后，就该潇洒离开，难道还要滞留原处吗？

当时济公读了祭文，笑着说："这篇祭文，也可以用来祭我。"后济公圆寂时，果然如祖觉一样安然坐化，做到了生死达观、来去无碍。居简信守诺言，以祖觉祭文为本，写下了《湖隐方圆叟舍利铭》。居简在铭文最后，感叹济公的离世虽然像一块整玉破碎了，但却放射出更灿烂夺目的光华，又像那个离开前留给主人满盘珠玉的南海鲛人，为后世留下了无尽宝藏。

"湖隐""方圆叟"是济公的别号，从中可以看出济公也很有诗人、文人的气质。"湖隐"这个别号，表达了济公对"归隐西湖"的向往。在杭州生活了四十多年，济公对杭州的山山水水都极为钟爱，写下了大量诗词点赞杭城。

比如他写西湖的四首组诗《湖中夕泛归南屏四绝》，描摹西湖诗意之美的同时，也暗含几分睿智通透的禅意。其一："几度西湖独上船，篙师识我不论钱。一声啼鸟破幽寂，正是山横落照边。"其二："五月西湖凉似秋，新荷叶蕊暗香浮。明年花落人何在？把酒问花花点头。"其三："湖上春光已破悭，湖边杨柳拂雕阑。算来不用一文买，输与山僧闲往还。"其四："出岸桃花红锦英，夹堤杨柳绿丝轻。遥看白鹭窥鱼处，冲破平湖一点青。"

他还有一首《饮酒》诗，以酒催诗，以诗化酒，将诗酒西湖深深融入自己的生命中："何须林景胜潇湘，只愿西湖化为酒。和身卧倒西湖边，一浪来时吞一口。"

济公是如此喜爱西湖，所以他圆寂之后，人们在西湖边的大慈山定慧寺（今虎跑寺）旁边修建了济祖塔院，将他的舍利存放在骨塔内。在岁月的流逝中，济祖塔院逐渐荒废湮没。清乾隆元年（1736）、二十六年（1761）经过重修之后，济祖塔院又在漫长的时间里被历史的尘埃掩埋。

1924 年，济祖塔院再次得以重建，塔为五角式，上刻着济公的神异事迹，分别为"紫金异兆""灵隐落发""古井仙踪""普度生灵""归真遗迹"。20 世纪 60 年代初，塔院部分建筑被拆除，改作他用。

又过了二十年，电视剧《济公》问世，获得空前成功，济公的扮演者游本昌成了全民偶像。从某种意义上来说，游本昌就是济公本身——他的父亲信佛，他本人也在早年就皈依佛门，并且常投身公益救济世人。游本昌演活

宋神僧济公之塔（20 世纪 20 年代）

了济公，而济公升华了游本昌的生命。

正因为游本昌与济公的生命紧密连接，所以在 20 世纪 90 年代，游本昌捐资重修了济公塔。后来济祖塔院也得以重修。

如今，就在杭州虎跑，很多人来到济祖塔院，在济公塔前祭奠缅怀这位最亲民的"活佛"。济公文化不但在中国大陆深入人心，还漂洋过海到了台湾——台湾修建有一千三百多座"济公堂"，济公的信众数量仅次于妈祖。2006 年，济公传说列入了首批国家级非物质文化遗产名录。

林语堂曾说："受中国民众所爱戴的最伟大的疯和尚无疑是济颠和尚，又名济公；他是一部通俗演义的主人公，这部演义越续越长，其篇幅至今约比《堂吉诃德》多了三倍，看来似乎没有完结。"的确，济公的故事，将同传统文化一道，在中华大地上像虎跑泉和西湖的水一般，绵绵不绝地流淌。

苏曼殊墓塔：
在最钟爱的西湖山水里安眠

榴花似火的五月，有些生命渐次葳蕤，有些生命却正在谢落。自然如此，人世亦如此。

这一天，是 1918 年 5 月 2 日，上海广慈医院的一间病房里，三十五岁的苏曼殊正在与死神抗争。微弱又艰难的呼吸，是最后的坚持。守在病房里的朋友们知道，他还有未了的心事。

时间显得无比漫长，日影缓缓西斜。下午将近四点钟时，病房的门突然被推开，走进来一个人，将一块方形的碧玉放到苏曼殊手里，在他耳边轻语道："你要的玉。"苏曼殊睁开眼，拼尽全力将玉放在唇边深情一吻，嘴角浮现出一丝笑意。这块玉，是苏曼殊托朋友买来的，他要带着它去见早逝的未婚妻。一件心事已了。这一生，他可还有牵挂之人？

看见苏曼殊的唇微微蠕动，朋友们都凑近去听，将听到的模糊、断续的信息进行准确还原之后，朋友们告诉苏曼殊，他挂念的远在日本的养母河合仙，他们会尽力照顾，请他放心。

是时候说再见了。苏曼殊再一次拼尽全力，说出最后八个字"一切有情，都无挂碍"，之后便与世长辞。

这一生，苏曼殊三进三出佛门，算不得彻底的僧人，一领袈裟锁不住内心多情的火焰，常常处于纠结和矛盾之中，但最后一刻，他与自己达成了和解，终是抛下有情红尘，无挂无碍地去了。

"人间花草太匆匆，春未残时花已空。自是神仙沦小谪，不须惆怅忆芳容。"这是苏曼殊写下的祭花之诗《偶成》。他自己的生命，又何尝不像一朵樱花？带着短暂又迷离的美，迅速归入泥土。

临终前他曾嘱咐友人"僧衣裹我，佛礼葬我"。葬在何处，他没有说。也许是他觉得不用再说，因为很多年前，他就说过了，要埋骨西湖。而他相信，他对西湖的深情，所有朋友都深为了解。

的确，熟识苏曼殊的人，都明白杭州西湖之于苏曼殊的意义。"契阔死生君莫问，行云流水一孤僧。"这是他以诗自况。这个中日混血私生子，一生背负着诗僧、情僧、糖僧、革命僧的名号，无端歌哭，萍踪不定，四海云游，步履不停。除了国内和他的出生地日本，他还到过斯里兰卡、印度尼西亚、泰国、新加坡等国。

走过很多路，看过许多地方的山水，只有一处最让苏曼殊眷恋，那就是杭州。

在苏曼殊的自传体小说《断鸿零雁记》第二十章里，他写道："更二日，抵上海。余即入城，购僧衣一着易之，萧然向武林去，以余素慕圣湖之美，今应顺道酬吾夙愿也。既至西子湖边，盈眸寂乐，迥绝尘寰。"

"圣湖"之美

他笔下的"武林"就是杭州，"圣湖"就是西湖。这段文字其实是苏曼殊足迹的真实记录。

清光绪三十一年（1905），苏曼殊由日本回国，在上海住了一段时间后，终于来到杭州，见到了魂萦梦牵的西湖。这是他与西湖的初相见，却亲切熟悉得仿佛寻回了一场旧日美梦。孤山青黛的眉峰，西湖碧透的眼波，瞬间便安抚了苏曼殊躁动不安的灵魂。倦旅的过客，成了身心安宁的归人。

从这次开始，颜值与内涵并重的杭州，就成了苏曼殊最为依赖的精神驿站。于苏曼殊而言，杭州是可供停靠的世外桃源，而西湖则有如母亲和恋人，可以疗愈心灵之伤。

在后来的日子里，每当身心疲惫、彷徨迷茫、内心纠结、无法自处之时，苏曼殊总要想办法来杭州一次，只有在这里，他心中郁积的块垒才能得以完全消解，他才能真正做回自己。杭州和西湖，就像他的能量加油站，他在这里使伤痕累累的身心得以复原，又带着新补充的能量，再次振作精神，重回滚滚红尘。

苏曼殊写有一部以西湖为背景的小说《碎簪记》。在这部书里，苏曼殊说自己曾先后十三次来杭州，其中独游九次。

苏曼殊对西湖如此钟情，以至于他不但要与西湖订立生前之约，还要预约死后之缘——某次，面对西湖，苏曼殊向同行好友表达了其身后愿埋骨西湖的心愿。

1917 年正月，苏曼殊再次来到杭州，仍然住在白云庵。他还记得自己初次来到杭州时的情形，他也还记得，自己曾为白云庵写了一首诗《住西湖白云禅院作此》："白云深处拥雷峰，几树寒梅带雪红。斋罢垂垂浑入定，庵前潭影落疏钟。"再次陶醉于白雪红梅、疏钟声声之中的苏曼殊并没有料到，这将是他人生中最后一次杭州之行。

一个月后，苏曼殊回到上海。不久，因长期喜好甜食、饮食不加节制，肠胃严重受损的苏曼殊住进了海宁医院，后又转到广慈医院，终至一病不起。

苏曼殊逝世后，灵柩暂时停放在上海广肇山庄。朋友们记着曼殊埋骨西湖的心愿，一直为此而努力着。然而，这一切来得并不容易。苏曼殊的遗骸在破败寥落的广肇山庄，在孤独寂寞中，度过了整整六个春秋。

1924 年夏天，以柳亚子为首的友人们，再次为苏曼殊营葬之事呼吁奔走，这一次，终于有了结果——在杭州的徐自华得知柳亚子、陈去病等人正在为苏曼殊寻找墓地，就主动捐出了西湖孤山北麓的一块地。孙中山先生听到消息后，愿出千金作为苏曼殊迁葬之资。社会各界闻讯，也纷纷捐资相助。

1924 年 6 月 8 日正午，苏曼殊的灵柩终于从上海抵达杭州。曼殊的朋友们和杭州各界人士，在西湖孤山之北、西泠桥之南，为大师举行了隆重的迁葬仪式。遵照苏曼殊"佛礼葬我"的遗言，朋友们在苏曼殊的墓前建起了一座石塔，上面镌刻着六个大字：曼殊大师之塔。

当年，苏曼殊曾到西泠桥南苏小小墓前凭吊，用一枝梅花，表达对千年前早逝红颜的悼念。如今，他的长眠之地，与苏小小墓隔着西泠桥遥遥相望。诗人刘半农写道："残阳影里吊诗魂，塔表摩挲有阙文。谁遣名僧伴名妓，西泠桥畔两苏坟。"而南社社长、苏曼殊的挚友柳亚子也在凭吊苏曼殊之墓后写道："孤山一塔汝长眠，怜我蓬瀛往复旋。红叶樱花都负了，白蘋桂子故依然。逋亡东海思前度，凭吊西泠又此缘。安得华严能涌现，一龛香火礼狂禅。"

1929 年，第一届西湖博览会在杭州举办。当人们来到苏曼殊墓前凭吊时，发现在风雨的侵蚀之下，墓体已经出现了裂缝。时任浙江省国民政府主席的张静江在苏曼殊故友叶楚伧的建议下，下令对苏曼殊墓进行了一次修缮。

流年似水，倏忽间，时间来到了 20 世纪 50 年代，苏曼殊墓和西湖众多名人墓一起，被迁往鸡笼山马坡岭，原墓址被毁。2003 年，杭州市政府在苏曼殊墓旧址上，依照老照片，按比例缩小复建了一座剑状六面石塔，上镌"苏曼殊墓遗址"六字。

2005 年，在鸡笼山马坡岭上，杭州市政府为苏曼殊及林启、惠兴、徐自华等其他五位名人，树起了"西湖文化名人墓地纪念碑"。他们迁葬后的墓地虽已找不到确切的所在，但用这种方式怀念，也是一样的深情。

"春雨楼头尺八箫，何时归看浙江潮？"当年，身在日本的苏曼殊，在春雨淅沥中，听着尺八呜咽的箫声，乡愁浓烈地漫上心头，那一刻，苏曼殊情不自禁发问：何日可归去，一梦向天堂，穿过夏天，去看那秋日的钱塘江潮？

现在，他终于不必再受任何打扰，可以在湖山美与静的怀抱之中，听着钱塘江的潮音酣然安眠。

第六章

杏林翘楚、杏坛先贤与商贾巨子

楼英墓：妙手仁心，福泽绵延

在杭州萧山区，有一个古镇，青山绵延，竹木葱茏，碧水环绕着黛瓦白墙，青石板路如丝带串起座座明清古建筑。如果机缘巧合，还会听到宛若仙乐的古风曲目，霎时间，世俗尘埃涤荡一空，令人如沐清风、似偎明月……

古镇叫楼塔，古曲叫细十番。楼塔是萧山最南端"四围山色九曲溪"的千年历史文化古镇、全国篮球之乡、杭州"普罗旺斯"，细十番是国家非物质文化遗产，是萧山和杭州的"金名片"。楼塔的闻名和细十番的诞生，都与六百多年前一个叫楼英的人有关。

在中国古代中医药界，世所公认的最杰出的代表是李时珍，他所著的《本草纲目》被奉为"药学圣典"。很多人不知道，楼英和李时珍一样杰出，李时珍的《本草纲目》其实是以楼英所著的《医学纲目》为重要参考写出来的。

楼英到底有多厉害？

身为吴越国将军楼晋的后代，楼英从小是个不折不扣的"宝藏男孩"：四岁识字，七岁读《周易》。当同龄孩子还在玩泥巴时，他已经开始啃那一本本大部头的四书五经、天文地理了。十三岁那年，楼英母亲生病，经浦江名医戴原礼治愈，楼英从此萌发了行医济世的念头。

二十岁的楼英开始接诊时，就显示出了高超的医术：诊病直切要害，治病妙手回春。一来二去，楼英的口碑越来越好，不用打医疗广告，也不用任何流量推荐，年纪轻轻的楼英，就有了一个美名——江南名医。

楼英到底有多红？连明太祖朱元璋都要找他挂专家号！

事情是这样的：有一年，朱元璋得了一种顽疾，宫里的御医一个个都纷纷表示"我也很无奈"。情急之下，朱元璋下令在全国搜寻民间治病高手。有人推荐了楼英，朱元璋下旨召楼英进宫。

楼英接诊之后，朱元璋的病很快就好了。朱元璋要留楼英在宫中做御医，但楼英对荣华富贵没多大兴趣，他心心念念的，就是怎么提高自己的医术，更好地治救家乡的穷苦百姓。

不久，楼英就以年老有病为名请求还乡。踏上故乡的土地，呼吸着家乡自由清新的空气，楼英不由吟起了唐代大诗人王勃当年游历楼塔时在仙岩上所题的诗："巍巍怪石立溪滨，曾隐征君下钓纶。东有祠堂西有寺，清风岩下百花春。"

乡居日月长。楼英深深明白"寸阴不可轻"的道理，于是他稍加休整之后，马上重操旧业，为乡亲们诊治看病。人们看到曾任朱元璋御医的楼英，丝毫不会摆架子，还是像以前那样温和、细致、耐心、体贴、负责，还是像以前那样，只收微薄的诊疗费，经济困难的病人，还是会得到减免医疗费的照顾。在楼英的眼中，不管是皇帝还是乞丐，都没有分别，不管什么身份地位，他都一样尽心尽力为他们治病。人们怀着崇敬和感激，送给楼英另一个绰号——神仙太公。

出诊之外，楼英不是背着竹篓上山采草药，就是坐在书桌前看书写书。

翻看前人的医学著作之时，他突然觉得，自己有些新的见解、新的方法，可以留下来给别的医生们作参考。由此，他萌生了写一本书的念头，这样在自己离世之后，留下来的宝贵的医药学经验，会间接地造福后人。

此后，楼英开始每天伏案写作。没有知名出版社的约稿，也没有丰厚的稿酬，但楼英却怀着无比的热情，日复一日地写着，写着，这一写，就是三十年。

楼英也不是完全不懂生活情趣的工作狂。休闲时，他喜欢和一众爱好相同的朋友雅聚，吹奏各种乐器，演奏优美的音乐。楼英将自己在宫廷里听到的音乐和地方民间音乐相结合，和同好们共同探讨、琢磨，最终形成了楼塔仙乐"细十番"。

楼塔有很多竹子，春天里，竹笋破土而出，鲜嫩可爱。楼英告诉人们，竹笋这种天然绿色食材，是春天里的"菜王"，有中医疗效，可以多吃。他还告诉人们很多中医食疗的方法，让人们吃得美味又健康。

明洪武二十二年（1389）十一月十九日，六十九岁的楼英平静离世。

在此之前，他的四十卷巨著《医学纲目》已经完成。该作初刊于明嘉靖四十四年（1565）。

多年以后，有一个叫李时珍的人，从医药学界的重量级作品《医学纲目》中吸取营养，创作了另一部医药学界"硬核"作品《本草纲目》。楼英与李时珍，是我国古代医药学界两颗耀眼的巨星。

楼英去世后，与他的夫人一起安葬在楼塔西北上坞水库旁俗名叫"翻倒药瓶"的山坡上。当时的两位文人大家——翰林院学士王景和翰林院修撰陈询为楼英写了墓铭和墓铭跋，对楼英的医术和人品给予了极大的好评。当地老百姓还为楼英建了祠堂和纪念堂，楼英居住的村子也改名为楼英村。

每年农历三月十五日和十一月十九日，是楼英的生日和逝世纪念日，楼塔一带的老百姓都会自发为楼英举行大型的祭祀活动。"楼英祭"就这样一代代流传下来。如今，"楼英祭"和"楼英中医内科""楼英传说""楼塔细十番"均已成为萧山区级非物质文化遗产。

楼英纪念堂

经历了多年的风风雨雨，楼英墓仍保存完好。几经重修之后，萧山区决定以楼英墓为中心，为这位"惠天下"的著名医者修建陵园。2019 年 4 月 10 日，是楼英诞生六百九十九周年，同一天，楼英陵园盛大开园。这座风景优美、安详幽静的陵园，承载了楼英后人、中医药界人士以及社会各界人士对楼英的怀念和敬意，也承担了弘扬、传承和保护中医药传统文化的光荣使命。

在遵循古法的祭奠仪式上，在香烛的袅袅香气中，所有参与祭祀的人员在楼英墓前深深弯下腰去，庄严点赞楼英留给后世的正能量。

楼塔古镇的碧水青山、白墙黛瓦，一如几百年前一样，在美丽、静默中拥抱着这位伟大的名医……

丁鹤年墓：从鹤年堂的大器晚成
到柳浪闻莺的安宁归属

明永乐六年（1408），七十三岁的丁鹤年做了一个决定——将刚刚创办了三年的鹤年堂交给儿子丁文勇打理，自己退休，为母亲守灵。

"医者应为胸怀仁心、医心之人，万不可唯利是图！"正是因为丁鹤年退休前对儿子的这一句嘱托，也因为丁鹤年倾尽大半生、厚积薄发为鹤年堂打下的根基，让这个比同仁堂还要大两百六十四岁的"中华老字号"，一直延续到了六百多年后的现在。

激流勇退之后，丁鹤年选择长时间住在杭州，有时候也回武昌小住。因为父亲职马禄丁曾在武昌当官，后定居于武昌，所以在丁鹤年的心里，武昌是第一故乡，而杭州，是他的第二故乡。

元代的杭州是浙江行省的首府，更是当时首屈一指的国际型大都市，被马可·波罗称为"世界上最美丽华贵之天城"。作为少数民族的精英，以萨都剌为代表的元后期西域诗人，对于"杏花春雨"的江南有着深深的向往和迷恋，其中也包括出生于元朝元统三年（1335）的回族诗人、文艺爱好者丁鹤年。

如同大唐时的长安一样，"天城"杭州以其包容开放的气象，吸引着无数中原乃至国外的人们前来安居乐业，因此形成了多元灿烂的文化，伊斯兰文化作为其中一个分支，也自然得以兴盛。

身为伊斯兰文化的信仰者，丁鹤年与杭州渊源颇深。他的曾祖阿老丁曾是西域巨商，后来来到杭州，出资重修了我国东南地区四大清真寺之一的凤凰寺，去世后也葬在杭州。

多年之后，身上流淌着阿老丁血脉的丁鹤年，择杭州而终老，他常常去凤凰寺做礼拜，长久地凝视着那些独具特色的建筑，想象着曾祖的样子；他也常常去看那些刻着《古兰经》的阿拉伯文古碑，在心里默诵经文的同时，一颗心会变得前所未有的安静。

这时候，大明王朝已经迎来了第三任皇帝朱棣，与元末的战乱相比，政局堪称清明平和。除了去凤凰寺等清真寺做礼拜，丁鹤年最喜欢做的事，就是去西湖边散步。看着这一派明山秀水，他总是不由得感慨万千，生出一种世事沧桑之叹。

他记得年轻时的自己几次来到杭州，总喜欢用诗句来抒发怀古幽情。"钱塘佳丽冠南州，故国繁华逐水流。龙虎已消王霸气，江山空锁古今愁。吴臣庙冷潮喧夜，宋主陵荒塔倚秋。最是西湖歌舞地，数声渔笛散凫鸥。"

在这首《钱塘怀古》里，他感叹前朝故国吴、宋繁华不再，而如今，他曾经的故国元朝也早已风流云散。但他认为，不管哪朝哪代，不论谁当皇帝，老百姓能过上好日子、活得健康长久才是最重要的。也正因此，他才没有选择做一个纯粹的诗人，而是学习医术和养生之道，于七十岁高龄在北京创办了中国第一家专业养生门店——鹤年堂。

他又想起那年自己看到的经历战乱后的西湖，一派肃杀、冷寂之气，感慨之余写下了《重到西湖》一诗："涌金风月昔追欢，一旦狂歌变永叹。锦绣湖山兵气合，金银楼阁劫灰寒。雪晴林野梅何在，霜冰苏堤柳自残。欲买画船寻旧钓，荒烟野水浩漫漫。"

战争，不但使苍生蒙难，连山水也跟着遭殃。所以，丁鹤年没有为元朝守死节，他并不仇视明朝，但他也不愿意违背自己的本心做官，这辈子，做好一个诗人、养生家，就足够了。他的骨子里，是开放包容的，是最重视人的生存权利的，而这一切，和杭州这座城市的气质非常吻合。终老杭州，是他最后的心愿。

除了外出游历和做礼拜，更多的时间，丁鹤年愿意静静地坐在母亲的灵前。那样的时刻，总让他想起太多往事，也让他更多地思考关于生死的问题。

十二岁，父亲去世，那是丁鹤年第一次直面最亲近人的死亡。此后，便是不到三十岁时与生母、姐姐月娥与外甥女的死别。接着，再是十年后与他相依为命的嫡母的离世……亲人一个接一个离开，而自己又居无定所、漂泊流离，丁鹤年的前半生接连遭受生活的暴击，他选择了死扛。

"真正的勇者，敢于直面惨淡的人生。"他不是一个理论中的勇者，他只是明白，人的生命仅此一次，死是一个必然会来到的结果，在此之前，不要轻易缴械投降，试着与生活搏斗一番，再黑暗的人生，也有可能焕发出光彩。鹤年堂，就是他此生唯一也是最亮的光，也是他

柳浪闻莺

留给世界的最美的光。

　　丁文勇常常向父亲报告鹤年堂的好消息：经营状况越来越好，口碑越传越广，忠实的消费者逐渐增多，还有很多名人成了鹤年堂的粉丝……而最令丁鹤年欣慰的是，儿孙们在经营鹤年堂时，始终坚持着自己"悬壶济世"的理念，对达官显贵和穷苦百姓一视同仁，对于贫困患者，分文不收。

　　丁文勇告诉丁鹤年，每当有瘟疫流行时，鹤年堂都会连夜配制"避瘟金汤"（后定名为"鹤年甘露饮"），放在门前的一口大缸里，免费供人们饮用。对此，丁鹤年很是赞赏。

　　那一天，丁文勇又向老父亲报告了一个爆炸性的好消息：连永乐皇帝都知道了鹤年堂的"避瘟金汤"，命令大量配置，说要在郑和下西洋时，作为国礼送给别的国家呢！

或许万事万物都遵循能量守恒定律，早年所受的苦，在晚年的欣悦安宁里得到了报偿。

光阴倏忽而过，有着平和明朗的心境、深谙智慧养生之道的丁鹤年，最终于明永乐二十二年（1424），以约九十高龄平静辞世，葬于清波门外西子湖畔的聚景园穆斯林墓园，他的墓位于曾祖阿老丁墓旁，世称"丁氏垄"，墓旁建有纪念亭。

1949 年 10 月，丁鹤年墓所在地被辟为公园，墓深埋土中，石亭保留。2002 年亭外的墓冠石被移入亭内保护，亭旁有 1999 年杭州伊斯兰教协会所立的丁鹤年墓亭纪念碑，碑后用文字记载了丁鹤年的生平事迹，以供后人凭吊。

在今天杭州的柳浪闻莺公园内，丁鹤年墓亭掩映在一片参天古木中，仿佛正从历史深处走来。不远处，矗立着杭州人民纪念一代才女李清照所建的"清照亭"。这两位都将生命的最后阶段托付于杭州的诗人、词人，生前无缘相识，在最后的长眠之地比邻而居，在另一个世界里可以心无挂碍地切磋诗词技艺，想来也是一番很美的图景……

清光绪十一年（1885）十一月初一，杭州偏僻城郊一座破旧的民房里，胡雪岩呼出最后一口气，一生的传奇辉煌，终以寂寞悲凉落幕。

从童年时的放牛娃到全国首富，他用了近半个世纪的时间，但从巅峰滑落至谷底，却只有短短的两三年。

在生命的最后时刻，复盘来时路，胡雪岩有憾无悔。他用他的商业天才，改变了自己的命运，也资助左宗棠收复了新疆，于国有功；他创办的胡庆余堂坚持"戒欺"的经营理念，疗愈了无数中国同胞的病体，也为传统中医国药存续了力量，赢得了国际尊严；他把赚来的很多钱用来做慈善，设粥厂，开善堂，建免费学校，修复杭州遭战乱破坏的名寺古刹，在商海中浸淫日久却仍不失一颗善心……

只是，逃不脱的悲剧的根源在于，那个时代的商人不得不依附于官府，商业只能在政治的夹缝中艰难生存，就算他是一个天才，也不能例外。

自从七月间，听闻左宗棠在福州去世的消息，胡雪岩就知道，一切快要结束了。一瞬间，忽喇喇似大厦倾，在左宗棠的对头李鸿章等人与外国商人的合力围攻之下，胡雪岩的金融帝国土崩瓦解，他破产了。

当厄运猝然而至，胡雪岩却无比清醒冷静。他变卖所有家产，偿还债务。他想尽办法，最后将胡庆余堂交到了文煜手里，条件是保留胡庆余堂的名号和经营理念，让胡家后代持有股份。这是以退为进的策略，只有这样，

胡雪岩故居芝园

才能保住胡庆余堂，才能为胡家子孙谋得生路。

"传家有道惟存厚；处世无奇但率真。"杭州胡雪岩故居里的一副楹联，精准概括了胡雪岩为人处世与经商致世的信条。

临终之前，胡雪岩告诫后人"不要经商，不要亲近官宦，不要与李氏通婚"，他还特意交代，丧事以最简化的方式来办，安葬之地不要对外公开。他要简单、安静地上路。

奉命查封胡雪岩家产的官员找到这里时，看到胡雪岩躺在一副最廉价的桐板棺材里，棺前点着一盏油灯，四周挂着白幔，这就是往日首富的灵堂。曾火遍大清的红顶商人，此时的家中，只剩下桌椅板凳等一些日常家具。而这个房子，还是租借来的。

胡雪岩故居

胡雪岩的死，上了当时的新闻头条，但时间一久，也就被人们淡忘了。胡雪岩成了一个悠远的回忆。他的葬身之地本就带着神秘色彩，在岁月的流逝中，更是变得模糊不清，就连胡雪岩的后辈也对先祖究竟葬在何处难下定论。胡雪岩之墓究竟在何处，成了一个旷世之谜。

最终解开这个谜的，是一位名叫赵玉城的普通药工。

有些处于不同时空、素未谋面的人，会因为冥冥中某种神秘的力量而产生命运的交集。赵玉城和胡雪岩就是这样。在胡雪岩故去近一个世纪之后，赵玉城进入胡庆余堂制药厂工作。赵玉城的一生，几乎都交付给了这个江南最大的中药号，他对胡庆余堂的创始人、"江南药王"胡雪岩，始终怀着一种特殊的敬仰与钦佩。

仿佛是上天的安排，赵玉城参与了胡庆余堂厂史的编纂工作。在搜集史料的过程中，赵玉城一步步走近胡雪岩，当他知道这位昔日了不起的人物，竟连墓葬之地都成了一个谜时，就暗下决心，一定要找到胡雪岩的埋骨之处，让自己与其他同样钦佩胡雪岩的人，能够在墓前郑重地献上一份敬意。

由此，退休后的赵玉城，开始了漫长的寻墓之路。

在胡雪岩后人留下的资料中，赵玉城发现了一条线索：胡家在杭州留下有一处墓葬地。这个说法也得到了当地农民的证实，赵玉城立刻赶到黄泥坞调查。当地人告诉赵玉城，胡雪岩曾在这里建造了规模宏大的"胡庆余堂坟庄"，只是经过一个世纪的风雨，墓地已经不复存在。

赵玉城不甘心，他自费请人在墓群间到处搜寻，最终找到了几块破碎的碑石，碑中有一个"裕"字，赵玉城知道，这是胡雪岩孙辈的字。有人告诉赵玉城，这里的墓在 1962 年被盗过，当时审理案件的是杭州西湖区人民法院。在西湖区人民法院的档案里，赵玉城找到了胡雪岩之孙胡裕泉填写的一份表格，这才知道那里的墓是胡雪岩父母的合葬墓。

赵玉城继续查找资料，很快又有了新发现：一则史料记载说龙井村戚家岭发现了胡雪岩墓，墓前的巨大石碑反扣在地，但用手摸上去，似有"光墉"二字，而光墉正是胡雪岩的名字。赵玉城惊喜不已，立刻赶去查看，最终却发现那座墓地里安葬的其实是胡雪岩的祖父母，"光墉"只不过是立碑之时胡雪岩名字的落款。

希望屡屡落空，但赵玉城并不打算就此放弃。突然有一天，他灵机一动：据说杭州有个盗墓高手，西湖边的名人墓差不多都被他盗过，能不能找他问问呢？跟人一打听，赵玉城才知道这位盗墓高手已经死于狱中，但他的妻子还在，就在留下镇生活。

赵玉城如获至宝，立刻找到这位老太太，并用诚意打动了她，最终老人吐出两个字"泗乡"，这个地方，就是现在的中村。又有希望了！六十六岁的赵玉城兴奋得像个孩子，他立刻将这个消息告知了胡雪岩的曾孙胡文桢、胡文莹兄弟，一行三人，直奔中村而去。

这一次，希望变成了现实。赵玉城三人在中村鹭鸶岭的乱石荒草间寻寻觅觅，最后看到了一座荒冢，荒冢前卧着一块巨大的碑石，碑上赫然写着"雪岩府君"的字样。

赵玉城把墓碑运回胡庆余堂药厂，想着不久之后重修胡雪岩墓时，可以将碑立在墓前。可谁知当时胡庆余堂药厂对此事并不重视，墓碑最后被胡乱丢弃而破碎。就在赵玉城灰心之际，濒临破产的胡庆余堂药厂迎来了新的掌门人——青春宝集团董事长冯根生，这个百年老店迎来了第二个春天，赵玉城重修胡雪岩墓的愿望也得以实现。

1997年的清明节，对于赵玉城和胡雪岩来说，意义一样重大。这一天，在杭州市政府和冯根生的支持下，重修后的胡雪岩墓在中村鹭鸶岭落成。巨大的冢堆和墓碑，向世人昭示着这个商业天才不凡的一生。墓碑左边，立着《重建胡雪岩墓碑记》，碑文由赵玉城撰写。

站在墓前，赵玉城深深地向胡雪岩鞠了一个躬。抬起头，天空高远纯净，湛蓝如洗。

林启墓：为我名山留片席

清光绪二十六年（1900）十月四日，喜欢写日记的杭州文人孙宝瑄，见秋高气爽，正是游玩的最佳时节，便叫上邻居一起泛舟西子湖。

船走到"平湖秋月"景点后，孙宝瑄和邻居弃舟登岸，信步而行，一边走一边贪婪地用眼睛和心灵摄取着西湖周边的美景。走到孤山放鹤亭附近时，孙宝瑄看到有工匠在筑墓，一问才知，这墓是为在今年四月去世的杭州知府林启所建。

身为杭州人，孙宝瑄自然知道这位大名鼎鼎的"前任市长"，也对这位勇于改革教育的政府官员充满敬意和好感。

甲午战争后，慈禧太后想挪用海军军费建造颐和园，时任陕西学政的林启得知后气愤异常，立即上书慈禧表示反对。慈禧不高兴，后果很严重，一纸诏书将林启贬为衢州知府。清光绪二十二年（1896），林启调任杭州知府。这是林启仕途中的不幸，却是浙江教育的大幸：因为林启，浙江迎来了一场教育史上的大变革。

从上任杭州知府到因病离世，短短四年时间里，林启一口气办了三所新学堂——求是书院、蚕学馆、养正书塾。这三所新学堂后来分别发展成为浙江教育史上最早的现代化大学、最早的农桑学校、最早的现代公立中学。

孙宝瑄还听说，林启去世后，他的家人想把他的遗体运回故乡福建侯官安葬，但杭州人民却想让这位好市长永远留在西湖边，彼此相持不下，最终，这场争执以杭州人民胜出结束——因为林启生前曾写有诗句"为我名山留片席，看人宦海渡云帆"。这是林大人的遗愿，想长眠在孤山，与他的偶像林和靖做伴，所以，就让他留下吧！这样的理由，让林启的家人无法反驳。

虽为政府工作人员，但林启也有着深厚的文人情怀，是北宋著名隐士林和靖的忠实粉丝。生前，他常常来到孤山林和靖的墓前凭吊。后来，看到林和靖墓地旁的梅花有很多枯死了，他便亲自补种了上百株梅树。林启或许不会想到，自己会和追慕的林处士一起，在梅花的暗香疏影中安然长眠。

除了孙宝瑄，还有一位文人蒋复璁曾在自己的文字中写到了林启墓。

林启去世后，杭州人民为了纪念他兴办新学的功绩，每逢他的生日，全杭州城的学校都要放假，所有的师生都要去孤山祭拜。这样的祭拜后来成了定例，每逢林启的诞辰和忌日，杭州城都会举行公祭。

在林启墓前，无数青年学子带着深沉的怀念，用统一的方式，向这个为他们打开崭新未来的人，表达致敬和谢意。林启的生命是一束光，照亮了后世青年的生命，而这些青年学子聚成无数道更强更明亮的光，照亮了中国。

在林启墓前，蒋复璁认识了徐志摩。这样的祭拜也是纽带，连接着志同道合的年轻心灵。

对于兼任三所学校校长的林启来说，可谓桃李遍天下，他的很多学生，都是历史上响当当的名人。"浙江三马"（马一浮、马寅初、马夷初）之一的马夷初，也是林启的学生。林启去世后，每逢公祭，不论离得有多远，不论多忙，马夷初一定会前往祭奠，风雨无阻，从不间断。

和马夷初一样对林启满怀深情的"名人学生"，还有张宗祥。

林启去世多年以后，已是满头华发的张宗祥，在老师林启的墓前凭吊过之后，字字含泪地写下了《过林迪臣先生墓》一诗："墓树苍苍锁晓烟，墓门寂寂枕湖边。回思五十年前事，头白门生一泫然。交翠轩中屡执经，相期远到眼垂青。书生报国终无补，惭对重泉元献灵。清流昔日尽尊王，稚子谰言笑斥狂。一事到今无愧色，不参党籍负门墙。柔桑栽遍浙西东，社祭犹存鹤发翁。闻说买丝急绣像，百年桃李感春风。"

在"一事到今无愧色，不参党籍负门墙"两句之后，张宗祥还加了一段注释，写了一个小故事：先生劝我入保皇党，我回答说"君子群而不党"，先生笑着斥责我说"小鬼精灵"。

那一次对话的细节，时隔半个世纪依然如此清晰地刻印在张宗祥的脑海里。先生的"笑"和"斥责"，此刻成了一种带着淡淡伤感的温暖。

1964年，八十二岁的张宗祥听到消息，在"清墓运动"中，老师林启的墓地侥幸保留，但被迁往了鸡笼山马坡岭。

林启雕像

一年后，张宗祥逝世。他不会知道，林启的墓地后来在岁月的流逝中已经湮没，与其他同批迁移的名人墓一样，成了一个无名小土丘，无从辨认。

　　不过令人欣慰的是，历史和人民不会忘记这些为杭州做出过巨大贡献的人。2005年，在丁云川先生的提议和杭州市政府的努力下，在马坡岭，立起了"西湖文化名人墓地纪念碑"，林启也在其中。

纪念碑建成之后，林启的后人从《人民日报》《杭州日报》等媒体上得知了这一消息。林启的曾外孙女方蕙女士专程从美国赶回来祭扫太外公的墓。林启的曾孙林衍茂，曾孙女林衍祐、林衍庆，都来墓前参加祭拜。他们在林启墓前与曾祖父的雕像合影留念，这穿越时空的"同框"，如此珍贵，若林启泉下有知，想必会露出欣喜的微笑。

令人欣喜的不止于此。一百多年之后，林启所创办的三所新学堂，至今仍书声琅琅——求是书院变成了浙江大学，蚕学馆成了浙江理工大学，而养正书塾则是现在百年名校杭州高级中学的前身。

林启，字迪臣，他用生命的最后四年，启迪民智，使中国少年，人才辈出，蔚然成林。他睿智的目光，穿过古老中国黄昏的暗影，为少年中国定制了一张张未来的请柬，寄给今日的书香杭州、盛世中华。那书香，同孤山的梅香一道，永不散去……

袁南安墓：当丝绸遇上杭州之美

　　西湖是杭州的灵魂，诗里画里，芳华绝代。如果把西湖的美景，用同为杭州灵魂的丝绸来呈现，那会是一种怎样的体验？

　　西湖风景画织锦，便是这样一种奇妙完美的组合——用丝线作经纬，勾勒出天堂湖山的温润秀美气质，这样的艺术"最中国"。据说这是杭州著名丝绸业巨子都锦生的首创，但也有人认为，早在都锦生之前，袁震和绸庄就用织锦向世界展示过"西湖十景"。袁震和绸庄的创始人，就是袁南安。

　　1915 年，首届巴拿马太平洋万国博览会上，袁震和丝织厂（其前身就是袁震和绸庄）的织锦"西湖十景"获得了金奖。这样的盛会，是中国亮相世界舞台的初尝试，也是西湖首次以"丝绸＋绘画"的方式向全天下秀风采。

　　当获奖的消息传来，袁南安百感交集。每一个成功老板光鲜的背后，都隐匿着曲折艰辛的创业之路。

　　清同治二年（1863），为了寻找父亲，十二岁的袁南安独自从绍兴来到杭州城。最终，他在太平军中找到了父亲，也在杭州城扎下了根。

那时的杭州城，丝绸业如同现在的电商一样火爆。和很多绍兴人一样，袁南安希望做一个胡雪岩那样的成功商人。他决定以杭州最具优势的丝绸作为突破口，为自己的人生打开一扇门。

八年之后，袁南安拥有了第一台织机。1900 年，八国联军挑起战乱，袁南安利用战前与战后丝绸的差价，掘得了第一桶金，"袁震和绸庄"诞生。民国初期，"袁震和绸庄"已发展成了杭州丝绸业举足轻重的企业。

但是，随着辛亥革命的成功，穿西方进口布料做成的西服洋装成了潮流，作为中国传统民族工业的丝绸业陷入了危机。袁南安为此焦虑不已，他让四个儿子穿上丝绸制成的西装进出各种场合，勉力为中国丝绸赢得一丝尊严。这样的办法，并不能从根本上解决问题。后来，一种经过日本改进的贾卡提花织机开始流入江浙一带，袁南安由此受到启发。1913 年，袁南安引进先进织机，成功将袁震和绸庄转型为袁震和丝织厂，开始试制丝绸织锦。

长期生活在杭州，袁南安对西湖美景有着深刻的体悟。有一天，突然灵光一现，袁南安脑洞大开：能不能把西湖之美和丝绸之美结合起来呢？织锦风景画的创意就这样产生了。

当袁南安创制的西湖织锦画和其他中国展品一道远渡重洋，出现在美国巴拿马万国博览会上时，那些对中国一知半解的外国人才突然发现，原来中国是这样一个有着丰饶之美的国家。"袁震和"和"袁南安"很快上了热搜，西湖织锦画成了"网红"商品。

"袁震和"重新焕发了青春，但袁南安却渐渐步入了风烛残年。

1917年农历十二月十七日，再过不久就是新年，但六十六岁的袁南安却等不到享受春节的热闹。这位曾经名震一时的明星企业家，在这样一个岁末清寒之际驾鹤西去。

说也神奇，就在这一天，杭州突然发生了地震。瞬间，云层中炸响声声惊雷，脚下的大地颤抖不已，房屋也随之如风中之柳摇晃不定。袁家子孙正在为袁南安入殓，冷不防这一阵地动屋摇，所有的人都在心里暗暗吃惊：这是老天对袁南安的悼念，还是某种巨变即将发生的预言？

位于杭城东北部的皋亭山，是杭州最古老的名山之一。皋亭山不仅风景绝佳，而且历史文化积淀非常深厚，在山水、诗词、民俗与墓葬等各种文化的交融之中，皋亭山的"桃文化"最是别具一格。

袁南安生前，每年春天只要有闲暇，他也喜欢像所有杭州人一样，给身心放个假，去皋亭观赏桃花。因为袁南安对皋亭山的喜爱，在他去世之后，家人将他安葬在了皋亭山下。年年春天，"绛雪"会在为他带去一抹温柔慰藉的同时，也捎去生者的思恋与追念。

或许，袁南安早早离开是一种幸运。假如他还活着，后来眼睁睁地看着"袁震和"在战乱中毁灭，曾为中国捧回金奖的"西湖十景"织锦画在战火中只剩下一幅，心里不知要承受怎样的痛苦。

时光无情也有情。在"袁震和"和"袁南安"这两

皋亭山

个名字被世人淡忘的时候，"西湖十景"中仅存的一幅织锦画"平湖秋月"，打捞起了一些久远的记忆，让后人看到了当年杭州丝绸的亮丽光芒。

1996 年 11 月 30 日，袁南安的曾外孙女方敏敏在报纸上看到一篇文章写到袁震和丝织画获巴拿马博览会金奖的事，她想起远在加拿大的四姨妈袁慰庭（袁南安的孙女）保留有一幅"平湖秋月"的织锦画，便立刻写了一封信给四姨妈，希望能把这幅织锦画捐献给杭州的博物馆。

当时，袁慰庭已八十八岁高龄，她接到信后迅速赶到杭州，这位深明大义的老人忍痛割爱，捐出了这幅珍贵的织锦画"平湖秋月"。最终，这幅"平湖秋月"织锦画被珍藏在了杭州西湖博物馆里。

袁南安位于皋亭山下的墓地原本一直保存完好，20世纪50年代，因为要修建杭州钢铁厂，袁南安之墓从皋亭山移到了南山公墓，在迁移的过程中，刻有墓志铭的石碑遗失。

说来也巧，一位名叫丁肃君的杭州人，喜欢文史收藏。有一次，他买到了一方太湖石墓志铭，一看上面的文字，正是介绍袁南安的。当时知道袁南安的杭州人并不多，但丁肃君的父亲曾经营丝绸业，所以他知道。

丁肃君把袁南安的墓志铭石收藏在家里，历经岁月的风霜和屡次搬家，这方石头不慎被磨去字，摔成了两半。丁肃君的儿子是丁云川，袁南安的墓志铭石经由丁肃君和丁云川之手，一直珍藏在丁家。通过丁云川先生，更多的现代人认识了袁南安，听到了杭州悠远的丝绸故事。

"龙梭织锦翻新样，凤绣紫丝记旧工。"唐代著名画家周昉在《寄杨子东》一诗中曾这样写杭州的丝绸。而要将丝绸的诗意之美化为日常可以享用之物，则有赖于像袁南安这样的实业家。

1929年，在袁南安故去十二年之后，首届西湖博览会上，"袁震和"展室的宣传语写着"爱国者须用中国丝织物，改良中国丝织品"。那个有着浓重爱国情怀的袁南安，带着精致唯美的工匠精神和守成创新的行为方式，从岁月深处走来，和西湖一起，成为杭州的骄傲。

第七章

域外来客

慧理禅师墓塔：
移步悟禅，触目水月

东晋咸和年间，杭州还唤作"钱唐县"，风物之美和如今并无二致。这美吸引着无数人，也引来了一位域外之客——来自印度的高僧慧理。

没有人知道，拄着一根禅杖四处云游的慧理，是何年何月来到中国的。不过却有很多人看到，慧理来到武林山下，对着一座林木滴翠、奇石玲珑的峰岭大加赞叹："此是中天竺国灵鹫山之小岭，不知何年飞来？佛在世日，多为仙灵所隐，今此亦复尔邪？"

人们当然不肯相信，佛祖在世时仙灵隐居的灵鹫山小岭，真能从印度飞到中国？慧理为了证明自己所说非虚，又说道："此峰向有黑白二猿，在洞修行，必相随至此。"说完，慧理对着一个山洞轻声长唤，不多时，果然见一黑一白两只猿猴从洞中探出头来。从此，这座峰岭就有了名字——飞来峰。黑白二猿居住的洞穴，也有了名字——白猿洞、呼猿洞。武林山随之被称为"天竺山"，这一带的地方也就统称为"灵隐"。

飞来峰和黑白二猿的故事在民间口口相传，一直传到了明代。张岱所著的《西湖梦寻》中有一个篇章叫作《呼猿洞》，其中写道：慧理禅师在武林山曾养有黑白二猿，每当月明之夜，慧理禅师在灵隐寺中发声长啸，黑白二猿亦隔山长啸予以回应。张岱还说，自己写文章时，黑白二猿还在，附近寺院中的高僧住持，有人能见到黑猿，有人能见到白猿，只有一位修为深厚的具德和尚，同时见到了黑白二猿。为此，张岱作了一副对联："生公说法，雨堕天花，莫论飞去飞来，顽皮石也会点头；慧理参禅，月明长啸，不问是黑是白，野心猿都能答应。"

当然，以上所述未必都是史实，但慧理在灵隐连建五寺却是真实的。

在飞来峰下，也就是如今龙泓洞的旁边，慧理建起了灵鹫寺；在北高峰下，慧理建了灵隐寺，后来又接连

理公塔

建了灵山寺、灵峰寺、灵顺寺。史称慧理"连建五刹"。

在此之前，杭州没有寺院。自慧理在灵隐连建五寺之后，杭州的佛文化开始兴盛起来，终至成了"东南佛国"。"风雅天城"杭州，自此又多了一分移步悟佛理、触目见水月的禅意之美。

只因为一座与故国相似的山峦，慧理便选择了让佛法在杭州遍地开花，并且将余生托付于杭州。连建五座佛寺之后，慧理并没有如今人所想的那样成为"网红"高僧，他依然安静、专注地钻研着佛法，料理着寺庙里的事务。闲暇时，他喜欢在灵鹫寺后的一块大岩石下打坐休憩。这块岩石背依飞来峰，面临灵隐寺，仿佛一座天然的净室，能瞬间让人心变得纯净而安静。

光阴悄然而逝，不知不觉间，慧理已经到了暮年。抛开一切，包括寺院的事务，慧理另为自己选择了一处退隐养老之地——西溪石人岭。

传说古时的杭州是一大片干涸的海滩，严重缺水使得人们日子过得很苦。有位帅小伙为了凿透石壁、引水下山，被喷出的石浆凝成了石人。后来，人们就把小伙子凿过的那座山称为"石人岭"。

石人岭非常幽静，尤其在秋天的黄昏时分，夕照下的石人岭，就像一位看淡世事沧桑、满身闪着智慧光泽的老人。也许就是这种景象深深打动了慧理，他在石人岭下建了夕照庵，从此在那里一直住到终老圆寂。据说，夕照庵是西溪有历史记载的最早的一座庵堂。

遗憾的是，也许因为年代久远，也许因为慧理大师为人低调，关于慧理禅师具体圆寂于哪一年，历史上并无确切的记载。但令人欣慰的是，在如今飞来峰下、龙泓洞洞口，相传是慧理大师的瘗骨之处，后人建起了一座"理公之塔"，用以纪念这位灵隐开山祖师。

理公塔又叫灵鹫塔，始建年代已不可考证，现存为明万历十八年（1590）重建塔，七层六面，高约八米。第一层中空，六面皆辟拱门，第二层的正南面镌有"理公之塔"碑记一方，东南面镌有明万历十六年（1588）春"慧理大师塔铭"一方，西南面镌有"六字大明神咒"碑记一方，第三层的每面也镌有碑记，第四至第七层的每面，或刻坐佛，或作门窗式样，塔顶装有葫芦形塔刹。

理公塔不远处，即是慧理大师当年经常打坐的岩石，人们称它为"理公岩"。宋代诗人杨蟠曾写有一首《理公岩》诗："日月岩前鸟，秋来不复闻。达人今已化，名系此山云。"

这首诗读来令人有淡淡的伤感，昨天的鸟儿不会再飞回来，慧理大师也一去不返，但人们不会遗忘他。在岁月的流逝中，慧理大师当年所建的五座寺院，如今只剩下灵隐寺。每年清明节，灵隐寺都会举行清明追思祭祖上供法会。僧众们和信奉佛法之人，会分别前往飞来峰理公塔、灵隐寺祖师塔院、祖师殿、伽蓝殿、韦驮殿、十方苑等上供，祭祖扫塔，缅怀历代祖师。

在诵经声中，在香烛的气息中，理公之塔巍然而立。这座石塔见证了慧理大师在杭州的生命传奇，也见证了中国和印度一千六百多年前的文化交流。

遥远的东晋，慧理大师在飞来峰下亲手种下了佛法的种子，如今，这种子已长成了参天大树。佛文化已然成为杭州历史文化的重要组成部分，放射出一种异样的光芒，为天堂杭州更添多元魅力。

卜合提亚尔墓园：
古碑上镌刻着杭州的城市性格

当年，宋代词人柳永以一首《望海潮》让杭州闻名天下的同时，也引来了祸端——据说金人就是因为读了柳永的词，看到杭州这么富庶美丽，才动了南下攻宋的野心。

不管这个说法是否靠谱，至少柳永关于杭州的描述没有水分，不然，宋高宗也不会选择杭州作为南宋都城。偏安就偏安，皇帝该享受还享受，聚景园就是享受之一。

这座建在西子湖畔的皇家园林，最妙的不是楼阁华丽，而是沿着西湖遍植绿柳，每到春日，柳树翻腾起阵阵绿浪，绿浪深处，黄莺的娇啼此起彼伏，可谓视觉与听觉的双重享受。"柳浪闻莺"由此诞生，成为"西湖十景"之一。

朝代更替，连花园也要改名易姓，元代灭了南宋以后，聚景园规模缩小，南边一部分区域成为随元军铁骑南下而迁居杭州的回族人墓地。西域巨商、丁鹤年的曾祖阿老丁，就葬在这里。后来，聚景园逐渐荒废，成了杭州穆斯林的公共墓地。

民国时期，杭州有关人士在拆旧城筑新路时，在原聚景园所在的范围内、古清波门城墙下发掘出了一大两小共三座青石砌筑的古墓，只是墓碑上的文字让人看不懂。有关人士立即请来伊斯兰教经师对墓碑文字进行解读。

解读的结果显示，这三座古墓的墓主人都是外国人。大墓的墓主人名叫卜合提亚尔，是一位天方先贤。"天方"是古代中国人对伊斯兰教圣地麦加的称呼，后又泛指阿拉伯地区。

相传卜合提亚尔是一位阿拉伯名医，南宋时与两位徒弟从海上"香料之路"来到中国，最后定居在杭州。卜合提亚尔和徒弟们一边传播伊斯兰教，一边用西域医术为回、汉百姓治病。"我只知道人是什么"，在卜合提亚尔眼中，没有国界、民族的差别，所有生病的人，都应该得到救治，因此，他受到了杭州人民的爱戴。卜合提亚尔去世后，杭州人民将他和他的两位徒弟葬在清波门附近的穆斯林公墓里。

虽然当时的人们并不知道卜合提亚尔更多的信息，也不知他生于何时，逝于何年，但可以确定的是，卜合提亚尔是一位值得尊敬的宗教人士与医者。于是，这一大两小三座古墓被迁移重葬到了南山路清波门北面的转角处，并筑墓园一座。

随着时间的流逝，卜合提亚尔墓园渐渐颓败。1990年，杭州市政府为卜合提亚尔重修了墓园。如今，在杭州清波门遗址附近，清波街和南山路十字东北角，可以看到这座具有鲜明伊斯兰风格的静穆墓园。墓园中三座古墓均采用塔式石墓盖，每座四层，顶石上镌刻着精细华美的菱形帔巾图案。

2010 年，杭州市政协特地邀请国内外有关专家，对保存于凤凰寺中的二十方古墓碑上的阿拉伯文、波斯文铭文进行了进一步的释读和研究，其中就包括卜合提亚尔墓的墓碑。结果发现，来自今乌兹别克斯坦布哈拉地区，在元代赫赫有名的赛典赤家族，世代镇守云南，有一支后裔在江浙行省担任行省高官，而卜合提亚尔很可能就属于这一支。

研究结果还显示，卜合提亚尔的全名为"异密·卜合提亚尔·宾·阿不别克尔·宾·乌马儿·不花剌"，于回历 730 年（元至顺元年〔1330〕）去世。

卜合提亚尔墓与广州宛葛素墓、泉州灵山圣墓、扬州普哈丁墓并称为中国东南沿海地区伊斯兰教四大古墓。卜合提亚尔墓园见证了我国与中西亚诸国友好交往之源远流长，是杭州历史文化遗产中重要的一笔。

专家们还发现，凤凰寺所藏的二十方古墓碑，墓主有波斯人，还有中亚人和突厥人；他们当中既有宗教人士、商人，也有行省高官、军事官员；他们会使用阿拉伯语，也会使用波斯语……这从侧面证明，元代的杭州不仅美丽富庶，而且开放包容，融多元文化于一体。这样的城市性格，一直延续到了现代，并且还将更加鲜明突出。

卫匡国墓：
国际文化交流之城的见证

　　1935 年，民国著名文人郁达夫在《西溪的晴雨》一文里写道："车过方井旁边，自然又下车来，去看了一下那座天主圣教修士们的古墓。从墓门望进去，只是黑沉沉、冷冰冰的一个大洞，什么也看不见……"

　　郁达夫笔下的方井，即杭州老东岳大方井，位于现在杭州西湖区留下街道东岳社区。大方井在北宋时曾为一处旅游胜地，后逐渐荒废，如今，连遗迹也没能留下。而郁达夫没能看真切的那座古墓，就是如今的"卫匡国传教士纪念园"，园中安葬着卫匡国等二十多位外国传教士的遗骸。

　　卫匡国这个名字，对于很多人来说有点陌生。但实际上，他对中西方文化交流的贡献，丝毫不亚于马可·波罗。卫匡国和马可·波罗来自同一个国度——意大利。明崇祯十三年（1640），二十六岁的年轻传教士马尔蒂诺·马尔蒂尼来到中国，为自己取汉名卫匡国，字济泰。

　　在明末清初的战乱之中，卫匡国怀着对宗教事业的巨大热情和一颗济世度人之心，辗转浙江、江苏、福建、广东、山西、北京等地，坚持传教。在传教的过程中，卫匡国接触到了中国文化，并深深为之着迷。

他像小学生一样认真地从零基础开始学习汉文，直到他的汉语水平能够阅读大量的中国古籍。在熟知中国历史文化的同时，卫匡国在游历中对中国的文化传统和民俗风情也有了深入了解。对中国了解越多越深，卫匡国心中的愿望就越强烈——让世界看见中国，看见中国风物大地之美、历史文化之美、风俗民情之美。

为此，卫匡国开始用汉语和拉丁语，一本一本地写书，除了宗教，中国是他书中最大的主角。"17世纪中国史最佳撰稿人"，说的就是他。卫匡国还出版了《中国新地图集》，这是欧洲正式出版的第一部中国地图集。也因此，卫匡国被称为"西方研究中国地理之父"。

从清顺治三年（1646）开始，卫匡国在杭州生活了四年。他在自己的书里花费大量笔墨写西湖，写钱塘江大潮，写在杭州的所见所闻……可以说，他已被杭州实

卫匡国雕像

力圈粉。也许在心底里，他早已有过终老杭州的想法。

清顺治八年（1651），卫匡国返回欧洲，八年后再度回到杭州。此次回来，卫匡国对时任浙江巡抚的佟国器透露了想要为杭州建一座新教堂的想法。佟国器表示会大力支持，于是，在武林门外，卫匡国主持的新教堂轰轰烈烈开建。

遗憾的是，在清顺治十八年（1661）夏天，新教堂还未竣工，卫匡国却突然感染了霍乱，不幸离世。

明万历年间，耶稣会传教士进入中国，被称为"天主教"。明末，天主教传入了杭州。杭州人杨廷筠，因为热心于传播天主教，与徐光启、李之藻并称为晚明天主教"三大柱石"。看到很多家世清贫的天主教教士死后无墓地安葬，杨廷筠就在杭州老东岳大方井购买了一块墓地。杨廷筠去世后，他的儿子将大方井的这块地捐了出来，作为天主教教士公墓。卫匡国的遗体，就安葬在这片公墓里。

清康熙十七年（1678），因大方井墓地过于潮湿，教会准备将传教士们的遗体迁葬到新墓中。据说当时人们启开卫匡国的棺木，看见卫匡国的遗体依然像刚刚去世一样完好无损。卫匡国的遗体于是被移放到小教堂中的木椅之上，教徒们视其为圣物，不但为他修剪头发和指甲，洗脸整衣，而且还围着他诵经祈祷，就好像他仍在人间。

后来，由于卫匡国的遗体腐烂损坏，教会这才将遗体放进棺材，安葬在墓地的教堂之中。

清廷从康熙朝开始限制天主教传教。雍正更是严厉，直接禁止天主教传播，杭州的天主教教士被迫离开，天主教教士公墓被出售给了外教。后来，幸亏一位姓施的女教友对其进行了托管，将天主教公墓交还给了天主教会。

清乾隆元年（1736）和同治十三年（1874），杭州的神父对天主教公墓的墓地进行了重修，在墓窟前立起了一座双十字石牌坊，正面写着"天主圣教修士之墓"，反面写着"我信肉身之复活"。

时间缓缓向前。1936年，杭州神父方豪来到天主教公墓，发现墓窟内已是一片阴暗，正如郁达夫所写，成了一个黑沉沉、冷冰冰的大洞。方豪于是将墓窟内的二十一只装有遗骸的瓦瓮一一移出重埋，瓮上的名字也一一记录了下来，这其中就有卫匡国。

在岁月的变迁中，天主教公墓屡经战乱，逐渐荒废，"文化大革命"时又遭到严重破坏。到了20世纪80年代，墓窟已经塌陷，石碑被毁，地面建筑荡然无存，但遗址仍清晰可辨。

新中国成立后，随着各国文化交流日益频繁，卫匡国被越来越多的人开始记起、怀念。很多意大利人士纷纷前来杭州寻找卫匡国墓，以期悼念。

1986年，杭州市政府对卫匡国墓进行了修复。1989年，卫匡国墓被列为浙江省省级文物保护单位。

修复后的卫匡国墓，也就是现在位于西溪路549号的"卫匡国传教士纪念园"。在这座纪念园里，除了卫匡国，还长眠着另外一些为中西方文化交流做出杰出贡献的天主教人士。这座墓园，见证了天主教在杭州、在中国传播的历程，也见证着杭州作为一座国际文化交流之城的前世今生。

参考文献

1. 杭州市人民政府地方志办公室编：《杭州精览》，浙江人民出版社，2018年。

2. 杭州市人民政府地方志办公室编：《北山梦寻》，杭州出版社，2019年。

3. 蒋文欢等：《钱塘风雅》，杭州出版社，2019年。

4. 丁云川：《行走西湖山水间》，杭州出版社，2019年。

5. 盛久远主编：《情归西湖——西湖文化名人墓探寻》，浙江古籍出版社，2007年。

6. 沈建中编著：《西湖名人墓葬》，杭州出版社，2005年。

7. 赵社民主编：《中华名人墓葬》，宗教文化出版社，2000年。

8. 宋传水、袁成毅主编：《杭州历代名人》，杭州出版社，2004年。

9. 孙跃主编：《杭州的名人》，杭州出版社，2003年。

10. 杭州市萧山区档案局（馆）、杭州市萧山区档案学会编：《萧山历史名人》，内部发行，2010年。

11. 郑发楚、仲向平主编：《西溪名人》，杭州出版社，2013年。

12.《西湖三女史传记》，六艺书局，1928年。

13.〔宋〕范坰、林禹：《吴越备史》，国家图书馆出版社，2012年。

14. 钱奕珠编校：《吴越史记》，内部发行，2015年。

15. 饶宇梁：《北望河山——岳飞传》，人民日报出版社，2017年。

16.〔清〕张廷玉等：《明史》，中华书局，1974年。

17. 沈金华、辛薇主编：《杭州史话》，社会科学文献出版社，2014年。

18. 蔡东藩：《明史演义　清史演义》，北京理工大学出版社，2014年。

19. 安作相、安力：《梦溪探秘——沈括生平钩沉》，石油工业出版社，2011年。

20. 杜书瀛：《戏看人间——李渔传》，作家出版社，2014年。

21. 陈歆耕：《剑魂箫韵——龚自珍传》，作家出版社，2016年。

22. 余世存：《己亥：余世存读龚自珍》，四川人民出版社，2019年。

23.〔清〕陈文述：《兰因集》，载《武林掌故丛编》，清光绪七年（1881）钱塘丁氏刊本。

24. 土默热：《〈红楼梦〉与西溪文化》，浙江文艺出版社，2007年。

25. 逸舟红尘、第二影子：《还卿一钵无情泪——苏曼殊诗传》，光明日报出版社，2013年。

26. 王海林：《胡雪岩传》，哈尔滨出版社，2012年。

27. 赵玉城:《胡雪岩与胡庆余堂》,杭州胡庆余堂印行(内部发行)，2005年。

28. 张宗祥：《铁如意馆诗钞（附冷僧自编年谱）》，上海古籍出版社，2015年。

29. 中华书局编辑部编，童杨校订：《孙宝瑄日记》，中华书局，2015年。

30. 杭州市政协文史委员会、杭州市文化广电新闻出版局、杭州文史研究会编：《天城遗珍——杭州对外文化交流史迹》，杭州出版社，2016年。

31. 缪承潮主编：《严州文化全书》，杭州出版社，2019年。